音楽之友社
音楽指導ブック

音楽科教育とICT

深見友紀子・小梨貴弘

音楽之友社

巻頭言

　情報技術が急速に進展し、大きく変容する社会が待っていると言われます。その社会が Society 5.0 です。

　私たちはすでにスマホをいつも持ち歩き、地図を見たり写真を撮ったり、それを SNS で発信したりしています。自宅や仕事では、タブレット端末やパソコンでネット検索をして、解決したい課題をこなしていることでしょう。

　思えば音楽も、ネット経由で購入し、スマホやパソコンで再生することが一般的になりました。私は中学生の頃から洋楽が大好きで、レコード屋に入り浸る少年でした。好きなバンドのライブ映像を何度も見せてもらっていました（中学生の私には高価過ぎて買えませんでした）。今では音楽はダウンロードで1曲ごとに購入できますし、ライヴも YouTube や動画配信で好きなだけ視聴できます。著作権が一段と守られる時代になっても、音楽に親しむコストは大幅に下がっています。

　音楽好きな割に何の楽器も演奏できない私であっても、アプリの力を借りれば好きな音をつくり出すことができます。演奏技術がある人たちから見れば、心のこもった作曲はできていないのでしょうが、それでも私のような演奏の素人たちが、作曲の世界に参画できる素晴らしい時代がやってきたのです。ご存じの通り、今やミュージシャンの音楽制作や編集はデジタル無しでは考えられませんし、だからこそネット配信が可能になっているわけで、音楽に日常的に親しむ人口を増加させたのです。

　私ごとが長くなりましたが、かつて私もピアノが弾けない小学校教師でした。しかし、小学校の授業づくりを、教育の情報化の観点から研究してきました。多くの教科等で、今やデジタル教科書やデジタル教材が活用されています。子どもたちもそれらを用いることによって、アナログだけでは十分に深まりきれなかった学習をデジタルで深めています。

　しかし、音楽科の実践例は、残念ながら非常に乏しい状況です。デジタルによってこれだけ音楽が身近になった時代なのに、そして音楽との触れ合い方や音楽の学び方もデジタルによってこれだけ多様化している時代に、デジタルと親和性が高い音楽科でなぜ実践が進んでいないのでしょうか。

　授業時数に余裕がなくなっている昨今、音楽科だって十分な時数が確保できているわけではありません。教師が ICT を活用して効率的な音楽指導を行い、子どもたちが ICT を活用して時代にあった音楽学習を行えなければ、音楽科の教科としての価値が下がってしまい、時数のさらなる削減につながってしまうことでしょう。

　この本が、デジタル時代の音楽教育を見直す一助になれば幸いです。

東北大学大学院情報科学研究科教授

堀田龍也

はじめに

国語や算数などの授業が教科書とノート、黒板で行われていた1980〜90年代、音楽の授業ではCDやLD（レーザーディスク）、電子楽器など、多くのテクノロジーを活用して授業が行われていました。コンピュータ室で音楽制作ソフトを使った音楽づくりが行われたときも、まだほとんどの家庭にコンピュータはありませんでした。

ところが、今はどうでしょう。

普通教室にプロジェクタやスクリーンが設置され、国語や算数などの授業でもデジタル教科書やデジタル教材が使用されるようになっています。コンピュータや大型モニターに至っては、学校の備品よりはるかに性能のよいものを子どもたちは家庭で目にしています。

ある県の音楽専科教員セミナーを視察した折、若い女性の先生が「私の学校ではまだLDを使っています」と話したことに私は衝撃を受けました。今の小学生はFD（フロッピーディスク）でさえ見たことがないはずなので、LDはなおさらでしょう。若い世代はCDを購入することも少なくなり、iTunesで音楽をダウンロードしたり、音楽ストリーミングサービスで聴いているので、この先生にとって音楽室は非日常な環境になっているはずです。LDを使う限り、授業内容を工夫したいと思っても限界があります。

スマートフォンやタブレット端末が普及し、日常生活においてなくてはならないものになった2010年以降、音楽科は全ての科目の中で最もICT化が進まない教科であるとみなされているのをご存じでしょうか。

「CDプレーヤーや電子楽器もICT機器だから、今のままで十分」「アナログ人間なので、機械には弱い」「できればこれまでのやり方を変えたくない」「音楽は生音でやるべき」という先生方もいらっしゃることでしょう。しかし、2017年に告示された学習指導要領・総則において、情報活用能力は言語能力などと同様に「学習の基盤」となる資質・能力であると位置付けられました。これまでは「教科の学習の一環で情報活用も学ぶ」といった程度でしたが、いよいよ「学習の基盤」に格上げになったのです。

それに伴い、「平成30年度（2018年度）以降の学校におけるICT環境の整備方針」では、学校での学習においてICTを活用できる環境をより一層整備していくことが重要であることが示されました。この整備方針は、音楽室をはじめとする特別教室も対象となります。さらに、プログラミング教育の導入により、音楽科でも、教科の特質に応じて、プログラミング的思考力の育成を念頭に置いた授業実践が求められています。音楽科が教科の一つである以上、もはや学校教育全体に巻き起こるICT化の潮流を無視することはできないでしょう。

本書は、そのような時代を迎えるにあたって、音楽室のICT環境、ICTを活用した授業実践のモデルを示したガイドブックです。小学校での実践例を掲載していますが、他校種の音楽の先生にもぜひ読んでいただきたいと思っています。

勤務校のICT環境が十分ではないために、本書の内容をすぐに試すことができない先生がいらっしゃるのは予想できますが、そのような方でもスマートフォンは日常的に使っているはずなので、手軽にできるところから始めてください。そして、「これは便利だ！」「使わないともったいない！」と感じたら、少しずつ授業で活用していただければうれしいです。もう「CD＋DVD」には戻れなくなるはずです。

音楽科教育にも変革が必要です。これまで音楽科が築いてきた教育内容や指導技術とICTを組み合わせ、それぞれの先生が21世紀型の学校音楽教育を目指してくださることを願っています。

本書の執筆に際して、堀田龍也さん（東北大学大学院情報科学研究科教授）には、文部科学省のICT活用に関する会議の委員等を務める立場から、さまざまな助言をいただきました。永岡都さん（昭和女子大学人間社会学部、同大学院教授）には校閲をお願いしました。また、音楽之友社の水谷早紀さんには、企画段階から多くの局面で明るく励ましていただきました。心よりお礼を申し上げます。

2019年9月
深見友紀子

INDEX
もくじ

巻頭言	2
はじめに	3

序章　ICT とは？

1 ICT は何の略？	6
2 学校と ICT	6
3 情報活用能力	7
4 学校における ICT 環境の整備	8
5 学習者用デジタル教科書とデジタル教材	10
6 音楽室における ICT	11

第1章 音楽の授業で使える ICT 機器 〜21世紀型の音楽室を創造する〜

1 大型モニター

1 黒板の代替物としての「大型モニター」の可能性	14
2 大型モニターの活用方法	15
3 大型モニターと機器を接続する	16
4 大型モニターを活用する際の留意点	17

2 教師用パソコン

1 教師用パソコンの活用方法	17
2 教師用パソコンを活用する際の留意点	18

3 タブレット端末

1 タブレット端末の大いなるポテンシャル	20
2 主体的・対話的で深い学びを促す、新しい「教具」	21
3 タブレット端末の活用方法	21
4 タブレット端末を活用する際の留意点	23
5 タブレット端末アプリケーションのジレンマと未来	23

4 書画カメラ（実物投影装置）

1 書画カメラ（実物投影装置）の活用方法	24
2 書画カメラを活用する際の留意点	25

5 その他の機器

1「デジタルオーディオプレーヤー」「IC レコーダー」の活用方法	25
2「Bluetooth スピーカー」の活用方法	26
3「ドキュメント・スキャナー」の活用方法	27

コラム 1 音楽科における ICT 活用の歴史	28

第2章 ICT活用の提案 ～教科を変革する新たな取り組み～

1 ICTで授業が変わる ～授業を支える新たな「教具」の可能性～
1. 授業全般におけるICT活用　　34
2. 「歌唱」分野におけるICT活用　　38
3. 「器楽」分野におけるICT活用　　42
4. 「音楽づくり」分野におけるICT活用　　45
5. 「鑑賞」分野におけるICT活用　　50

コラム2　ICTを活用した実践紹介　　57

2 ICTで音楽行事が変わる ～子どもたちの音楽にICTが花を添える～
1. 「音楽会」でのICT活用　　62
2. 「音楽集会」でのICT活用　　66
3. 「ミニコンサート」でのICT活用　　68

3 ICTで教科の仕事が変わる ～ICTを活用した効率的な教科事務～
1. 音楽科で使う書類・楽譜の電子化　　70
2. 書類・楽譜ファイルの効率的なデータ管理方法　　71
3. 評価にICT機器を活用する　　73

第3章 ICT活用の課題と展望 ～21世紀型の音楽科教育～

1 音楽室のICT環境を改善するために
1. 自治体や学校によって格差が大きいICTの環境整備　　78
2. 後回しにされがちな音楽室のICT環境整備　　79
3. ICT環境の整備が動き出した　　81
4. 音楽の先生もまず一歩を踏み出そう　　81
5. BYODへの理解を求めよう　　82

2 プログラミング教育と音楽科
1. プログラミング教育導入の理由とそのねらい　　83
2. プログラミング教育とは　　83
3. プログラミング教育における音楽科の位置付け　　86
4. 音楽とプログラミングとの親和性　　87
5. 音楽科での取り組み例　　88
6. 音楽科におけるプログラミング教育を進めるために　　88

3 これからの音楽科教育とICT活用
1. ICTの特性や強みを生かす時代へ　　90
2. 他教科の動き　　90
3. ICT活用のメリット　　91
4. 教師の授業技術としてICT活用を位置付ける　　92
5. タブレット端末の教具としての可能性　　93
6. 先生方に期待すること　　93

おわりに　　94

ICTとは？

序章

1 ICT は何の略？

　ICT は「Information and Communication Technology」の略語で、「情報通信技術」（教育分野では「情報コミュニケーション技術」）と訳され、コンピュータやネットワークに関連するさまざまな技術やサービスを指します。

　日本では、2000 年に「IT 基本法」が制定された頃から、まず IT という用語が一般化しました。その後、人と人、人とモノを結ぶコミュニケーション（＝ C）が重視されるようになったことに伴い、総務省では 2005 年に「IT 政策大綱」を「ICT 政策大綱」に改称するなど、コミュニケーションを含む ICT を積極的に使用するようになりました。より厳密に、コンピュータ関連技術を IT（Information Technology）、コンピュータ関連技術の活用を ICT と区別する場合も見られますが、現在では、IT と ICT はほぼ同義と考えてよいでしょう。

2 学校と ICT

　文部科学省は「教育の情報化に関する手引」（2010）の中で、教師による情報提示のための ICT 機器を、出力系（プロジェクタ、大型ディスプレイ、電子黒板等）と、入力系（教科書準拠デジタルコンテンツ、実物投影機、インターネットコンテンツ、デジタルテレビ放送、CD-ROM および DVD などの教育用コンテンツ、デジタルカメラ)の二種類に分けています。コンピュータ、インターネット、校内 LAN は、情報提示を支えるための基本インフラとされ、児童生徒の学習のためには、教育用コンピュータ、インターネット、学習用ソフトウェア、デジタルカメラなどが必要であるとしています。音楽科については、ICT の具体例として、デジタルコンテンツ、デジタルカメラ、インターネット、コンピュータ、音楽ソフト、IC レコーダー（以上、中学校）、電子楽器（高等学校）などを挙げています。

　また、教育工学の研究者である堀田龍也氏は、学校における ICT を「ビデオ、デジタルカメラ、DVD からコンピュータ、インター

ネット、電子黒板、実物投影機まで、学校現場に広く導入されている新旧デジタル機器やデジタル教材全般」と定義しています（「音楽教育実践ジャーナル」Vol.11 No.2　日本音楽教育学会 2014）。

　2010年以降、人々の生活や仕事にタブレット端末やスマートフォンが急速に普及し、社会のあらゆる分野で盛んに活用されるようになりました。それを受けて、学校教育でもICT機器を使ったネットワーク環境を構築し、学校現場における情報通信技術面の課題を検討した「フューチャースクール推進事業」（総務省 2010～2013）や、一人１台の情報端末、電子黒板、無線LAN等を活用して、子どもたちの新しい学びを創造するための実証実験「学びのイノベーション事業」（文部科学省　2011～2013）などが実施されました。

　そして、これらのパイロット的な推進事業の成功や社会状況の変化により、近年、国は学校におけるICTをより一層推し進めています。2017年告示の学習指導要領・総則においては、「情報活用能力」が「学習の基盤となる資質・能力」と位置付けられ、教師側と児童生徒側双方の指針が示されました。

　また、各学校で「コンピュータや情報通信ネットワークなどの情報手段を活用するために必要な環境を整え、これらを適切に活用した学習活動の充実を図る」ことが明記されました。2020年には、学習指導要領の改訂を踏まえた、「教育の情報化に関する手引」（2020）が新しくつくられます。さらに小学校においては、2020年度よりプログラミング教育が必修化され、「児童がプログラミングを体験しながら、コンピュータに意図した処理を行わせるために必要な論理的思考力を身に付けるための学習活動」が計画的に実施されることになりました。

③ 情報活用能力

　情報活用能力は、「世の中の様々な事象を情報とその結び付きとして捉え、情報及び情報技術を適切かつ効果的に活用して、問題を発見・解決したり、自分の考えを形成したりしていくために必要な資質・能力」とされています（「小学校学習指導要領解説　総則編」p.50）。

　より具体的には、「学習活動においてコンピュータなどの情報手段を適切に用いて情報を獲得し、整理・比較できる能力。情報を発信・伝達し、情報を保存・共有できる能力。学習活動を行う上で必要な情報手段の基本的な操作ができる能力。プログラミング的思考・情報モラル・情報セキュリティ・統計等に関する資質や

能力を含む」となります（同 p.50〜51を要約）。

　情報活用能力は各教科の学びを支える基盤なので、各教科の適切な学習場面でその育成を図ります。そして、そうやって育まれた情報活用能力を、各教科における主体的・対話的で深い学びへとつなげていく……そのサイクルを繰り返す……とイメージすると分かりやすいでしょう。全ての教科でその育成に取り組むものであり、音楽科も例外ではありません。

④ 学校における ICT環境の整備

　学習指導要領が示す学びを支えるために、「教育のICT化に向けた環境整備5か年計画（2018〜2022年度）」が策定され、「平成30（2018）年度以降の学校におけるICT環境の整備方針」が明らかになりました。学習指導要領の内容とこのICT環境はセットです。つまり、この環境が整備されなければ、学習指導要領で期待されている学習活動は十分にこなせないということになります。これまで整備対象外となっていた特別教室も対象とされたため、音楽室もこの基準をクリアしなければならなくなりました。以下に、学校で整備しなければならないICTの設備を挙げていきます。ここでは、文部科学省が示した名称を用います。

▶ 大型提示装置：普通教室および特別教室への常設

　教員による提示はもちろんのこと、学習者用コンピュータにも接続させることを前提として、大きく映す提示機能を持つものであることを標準とする。大型テレビでもプロジェクタでも電子黒板でも、情報端末などを接続して映写できればよい。可能であれば、画面を直接触れて操作、書き込み、保存ができるインタラクティブ機能を持っていること（電子黒板はインタラクティブ機能を有している）。画面サイズは、教室の明るさや教室最後方からの視認性を考慮したサイズとする必要がある。動画の視聴については、児童生徒全員が学習者用コンピュータを使い、同時に視聴することは想定しておらず、大型提示装置により視聴することを想定している。

※本書では、「大型モニター」と表記して解説します。大型モニターがあれば、楽譜、教師による範奏動画が拡大表示され、子どもに分かりやすくなります。教室最後方から楽譜が見えるサイズであることが望まれます。

▶ 実物投影機

　大型提示装置と接続し、提示するためのカメラ機能を有するものを標準的な考え方とする。

※本書では、「書画カメラ」と表記して解説します。音楽室には既に書画カメラが入っている場合が多いので、有効に活用しましょう。

序章　ICTとは？

▶ 指導者用コンピュータ

　授業を担当する教師それぞれに１台分の配備。指導者用デジタル教科書等を活用する場合には、安定して動作することに配慮することが必要。

※本書では、「教師用パソコン」と表記して解説します。音楽室に教師個人所有のノートパソコンやタブレット端末を持ち込むことができれば、授業の進行がスピードアップします。

▶ 学習者用コンピュータ：３クラスに１クラス分程度の配備

　最終的には一人１台専用が望ましいが、全国的な学習者用コンピュータの配備状況なども踏まえ、当面、各クラスで１日１時間分程度を目安とした学習者用コンピュータの活用が保障されるよう、３クラスに１クラス分程度の学習者用コンピュータの配置を想定することが適当である。

　ワープロソフトや表計算ソフト、プレゼンテーションソフトなど、教科横断的に活用できる学習用ソフトウェアが安定して動作する機能を有すること。授業運営に支障がないように短時間で起動する機能を有すること。安定した高速接続が可能な無線LANが利用できる機能を有すること。コンテンツの見やすさ、文字の判別のしやすさを踏まえた画面サイズを有すること。小学校中学年以上では、キーボードを必須とすることが適当。観察等の際に写真撮影ができるよう、カメラ機能があることが望ましい。

※本書では、「タブレット端末」と表記して解説します（児童生徒用）。音楽室に児童生徒用のタブレット端末が導入されれば、本書で紹介するタブレット端末を使用した実践が可能となります。

▶ 超高速インターネットおよび無線LAN 100％整備

　外部ネットワーク等への接続のための通信回線は、大容量のデータのダウンロードや集中アクセスにおいても通信速度またはネットワークの通信量が確保されること、校内LAN（有線および無線）は、学級で児童生徒全員が一人１台の学習者用コンピュータを使い、調べ学習等のインターネット検索をしても安定的に稼働する環境を確保すること。

※音楽室ではインターネットにつながらないという小学校も多いと聞きますので、改善が望まれます。

　そのほかに、統合型校務支援システム、充電保管庫、学習用サーバ、校務用サーバなどの整備と、４校に一人のICT支援員の設置が不可欠であるとされています。

　次の図は、「2020年代に向けた教育の情報化に関する懇談会」（文部科学省）の配布資料を基に作成された、普通教室のICT環境整備のステップです。現在、ステージ３は必須、ステージ４が目標となっています。

9

◆ 普通教室のICT環境整備のステップ（イメージ）

次期学習指導要領実施に向けて
早急にStage3の環境整備が必要

Stage1
電子黒板（大型提示装置）
＋
各教室PC1台
＋
無線LAN

Stage2
電子黒板（大型提示装置）
＋
グループ1台可動式PC
＋
無線LAN
＋
個人フォルダ ?

Stage3
電子黒板（大型提示装置）
＋
学びのスタイルにより一人1台可動式PC
＋
無線LAN
＋
個人フォルダ

Stage4
電子黒板（大型提示装置）
＋
一人1台可動式PC（家庭負担？）
＋
無線LAN等？
＋
個人フォルダ

※「電子黒板」については授業上必要な機能を有する大型提示装置の代替活用を含む

アクティブ・ラーニング

教科指導におけるICT活用
統合型校務支援システム（個人情報管理可能）

連携
スマートスクール構想（仮称）

2020年代に向けた教育の情報化に関する懇談会　最終まとめ

　また、可動式コンピュータ（ノートパソコン、タブレット端末を含む）の台数については、2017年以降、目覚ましく普及していることが分かります（「平成29（2017）年度　学校における教育の情報化の実態等に関する調査結果」）。

　一般の生活を考えても、タブレット端末やスマートフォンのカメラ機能、ICレコーダーアプリは、カメラやICレコーダーの代わりとして使われています。このような便利な機能を学校教育で活用することは自然な流れです。

◆（参考）可動式コンピュータ台数

教育用PCの4割が可動式PC

2012: 305,621
2013: 304,119
2014: 315,628
2015: 379,026
2016: 456,422
2017: 568,095
2018: 852,207

平成29（2017）年度 学校における教育の情報化の実態等に関する調査結果（2018年3月現在）文部科学省

5 学習者用デジタル教科書とデジタル教材

　可動式コンピュータ（タブレット端末）と密接に関わるのが、学習者用デジタル教科書とデジタル教材です。指導者用デジタル教科書は各教科ですでに発売されていますが、児童生徒用である

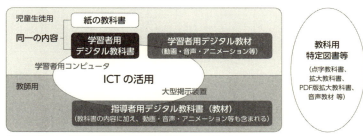

◆ 紙の教科書や学習者用デジタル教科書等の概念図

学習者用デジタル教科書の効果的な活用の在り方等に関するガイドライン

　学習者用デジタル教科書については、我が国の優れた教育資産である教科書の活用を、ICT活用とシームレスに接続させるためにその取り扱いが検討されました（学習者用デジタル教科書の効果的な活用の在り方等に関するガイドライン）。

　学習者用デジタル教科書とは、学校教育法第34条第2項に規定する「教科書の内容を記録した電磁的記録である教材」であり、児童生徒が使用するもので、教科書と同一の内容です。書き込みやスクロールなどは、電磁的記録にアクセスするためのソフトウェアによって実現される機能です。

　学習者用デジタル教科書は、教科書にICTの特性・強みを生かすという観点から制度化が行われたものです。この新たな学びのツールを効果的に活用するためには、教師のICT活用能力を向上させ、ICTの環境整備に取り組む必要があります。

　デジタル教材とは、学校教育法第34条第4項に規定された補助教材のうち、動画や朗読音声等が収録された教材を指します。デジタル教科書と一体的に活用することで、児童生徒の学習の充実を図ることが想定されています。

　学習者用デジタル教科書やデジタル教材を児童生徒が適切かつ主体的、積極的に活用できるようになるためには、一人1台の可動式コンピュータ（タブレット端末）の使用が前提であり、いずれの教科でも、コンピュータの基本的な操作を習得するための学習活動が不可欠になるでしょう。

※指導者用音楽デジタル教科書は既に発売されており、学習者用音楽デジタル教科書も2020年度から発売予定。デジタル教材は、ヤマハや教育芸術社などから既に発売されており、今後も増加していくことが予想されます。

6 音楽室におけるICT

　音楽科が教科の一つである以上、ICT活用に関する学校全体の動きと連動すべきであり、音楽室のICT環境も普通教室と同じ水準にしなければならないと思います。

　以前から、音楽科では、音声教材としてレコード（アナログディ

スク）やCDを使い、さらにビデオテープやDVDを使って映像で補助し、児童の理解を促すようにしてきた経緯があります。そのため、他教科と比べて、「もう十分ICTを活用している」と思われる先生も多くいらっしゃるのではないでしょうか。

しかし、今、90年代のワードプロセッサー（ワープロ）で文字を入力している人がいるでしょうか。CDは約30年前に、DVDも約20年前には既に普及したメディアです。もちろんワードプロセッサーとは違って、CDやDVDは今も現役ですし、広義にはICTであることには変わりないのですが、CDやDVDを視聴させるだけでは教師主導型の一方向的な授業に陥り、教育方法も進化しない可能性が高いのではないかと思います。

確かに、ICTを一切使わなくても主体的・対話的で深い学びは可能かもしれません。しかし、これからのAI社会を生きる子どもたちにとって、アンプラグド＝コンピュータなしの学びとともに、プラグド＝コンピュータによる学びは必要です。時に体を使って、時に機械を使って学び、感じ、考えることが重要であると思います。

そこで、特にカギとなるのが児童生徒用のタブレット端末です。児童生徒用のデジタル教科書やデジタル教材もタブレット端末で使うことを前提としています。どこの教室にも持ち運べるので、音楽室に移動するときに児童が持って行けば、音楽室でも使えます。

では、電子楽器はどうでしょう。電子楽器はコンピュータとつないでさまざまなことができるので、ICTの一つですが、学校現場では、足りない音色を補う「音素材」として扱われる場合がほとんどです。本来の機能を発揮させればICTですが、音色を提供するだけならば、教具としての楽器であると考えます。

2020年度以降、学習者用デジタル教科書が次々に誕生していくことでしょう。各教科とも、その教科の特性に応じた活用の仕方について研究が進められていて、例えば、英語の学習者用デジタル教科書ではネイティヴ・スピーカー等による声の読み上げが可能になりましたし、多くの教科でタブレット端末用のデジタル動画教材などが出てきました。そのような状況の中で音楽科が現状維持であるのは消極的過ぎます。音楽科においても、全ての領域の、あらゆる活動場面でのタブレット端末活用が急務となっています。

安易にICTに置き換えるべきではない大切な学習活動もあるでしょう。しかし、少なくともその学習活動のための例示にはICT活用が有効な場面がほとんどです。ICTは教育内容・教育方法をリフレッシュさせ、新陳代謝を促すものなのです。

第 **1** 章

音楽の授業で
使えるICT機器

〜21世紀型の音楽室を創造する〜

前述してきた通り、音楽の授業においても、ICT機器は教具として教師や子どもたちに寄り添って活躍するマストアイテムとなります。音楽の授業で活用できるICT機器の中で、いわゆる「三種の神器」になるものとして、「大型モニター」「教師用パソコン」「タブレット端末」を挙げることができます。

1 大型モニター

▲ 著者の音楽室のテレビモニター。大きい方は主に教材（歌詞、楽譜等）、小さい方は学習目標など、常時掲示したい内容を映す

1-1 黒板の代替物としての「大型モニター」の可能性

「黒板」は教師や子どもが板書をしたり、掲示物を貼ったりして、授業の中心となって活躍する教具の一つです。音楽の授業でも、五線の黒板に音符を書き入れる、などして活用されてきましたが、提示する情報量に制限がある、授業ごとに書いたり消したりする手間がかかる、チョークの粉によって教室や楽器が汚れる、などの難点もありました。また、大量の板書や掲示物がある状態は、授業のユニバーサル・デザイン※の視点から見た場合、その乱雑さが子どもの集中力を低下させる状況を招きかねません。

このような状況を一変させるのが、「大型モニター」です。「モニター」というと、パソコンにつなぐためのテレビと思われがち

ですが、ブラウン管のテレビ、薄型の液晶テレビ、プロジェクタなど、映像を大きな画面で提示できる装置、と考えるとよいと思います（また、モニターに指や専用ペンで直接書き込める機能がある場合、「電子黒板」と呼ぶことがあります）。大型化が進み、現在は黒板と同じぐらいの大きさのものも増えてきました。大型モニターを用いる利点として、

▶ **1.** さまざまな視覚情報を、書く、貼るといった手間をかけず簡単に提示できる

▶ **2.** 動く「映像」を提示できる

▶ **3.** 情報を必要な時に必要な分だけ表示できるので、音楽室の前面をすっきりさせることができる

　が挙げられます。今後、さらにICT機器が普及していくと、黒板の代わりに授業の中心となって活躍することは間違いないのですが、電気がないと動かないとか、一台のモニターでは、情報を一過的にしか表示できないといった弱点もありますので、既存の黒板とうまく併用しながら、互いの長所を生かしていくとよいでしょう。

※授業のユニバーサル・デザイン　初めから学び難さのある児童がいるという前提に基づき、ある程度の個別的な支援や配慮を、最初から学級全員に向けて行うという考え方（p.36 参照）

1-2 大型モニターの活用方法

　大型モニターを音楽の授業に用いる場合、その活用方法は、接続する機器によって、大きく次の三つが考えられます。

▶ **1.** 教師用パソコンやタブレット端末の画面を、ミラーリング（複製）もしくは、拡張して表示し、授業に関連する画像や映像、文書などを表示する（映し出す内容は**2**教師用パソコン、**3**タブレット端末参照）

▶ **2.** 書画カメラを用いて、紙媒体の教科書や楽譜、児童のワークシートなどを表示する（映し出す内容の詳細は**4**書画カメラ参照）

▶ **3.** DVDやビデオテープ、あるいはデジタル放送チューナーを介して受信できる学校放送番組など、既存の「映像コンテンツ」を再生して表示する

1-3 大型モニターと機器を接続する

また、これらの活用法以外の裏技として、CDデッキなどの「音響機器」の音量が小さいとき、ヘッドフォン端子から出力される音声を大型モニターの音声入力にコードでつなげることで、「拡声装置（アンプ）」として用いることができます。

▲ モニター背面のビデオ入力の音声端子とCDデッキなどのイヤホン端子を接続する

大型モニターと各機器を接続する際は次の表に示すような規格のケーブルを用います。上から順に、最新の機器に対応し、より美しい映像情報を送信できます。大型モニターの背面や各機器の接続パネルを確認し、必要な規格のケーブルを準備しましょう。

◆ 主な映像用接続ケーブルの規格

規格名称	主な接続機器	接続部分の形状	接続端子の形状	特徴など
HDMI	パソコン タブレット端末 DVD・Blu-ray レコーダー			2019年現在、主流となっているデジタル映像・音声ケーブル規格。FullHDや4K、8Kにも対応
D-Sub 15pin（ミニ）	パソコン（従来型）			従来のパソコンに多く用いられていた、パソコンとディスプレイを接続するアナログ信号のケーブル規格。音声入出力には、別にケーブルが必要
コンポジット（RCA）	ビデオデッキ DVDデッキ（従来型）			従来のビデオデッキとテレビを接続するために多く用いられていた、アナログ信号のケーブル規格。音声入出力には、別にケーブルが必要

1-4 大型モニターを活用する際の留意点

大型モニターを教室や音楽室に設置して活用する場合、次の点に留意して、設置場所を決定する必要があります。

1. 全ての児童の座席から見やすい場所にあるか
2. 室外の明かりや教室照明が画面に映り込んで、見にくい場所はないか
3. 身体表現などを伴う音楽活動の妨げになったり、転倒や衝突など安全上問題になる場所に設置していないか

2 教師用パソコン

▲ グランドピアノの譜面台の脇を利用した教師用パソコンの設置例（写真左）

2-1 教師用パソコンの活用方法

教師が個人で使用できるパソコンを音楽室に用意できるのであれば、大型モニターやアンプに接続することによって、主に以下のような活用が考えられます。

1. Word や PowerPoint 等で作成した教材ファイルや、教科書・楽譜・ワークシートなど紙媒体を電子化した PDF ファイル、画像・映像などのビジュアル教材ファイルを、大型モニターに表示したり、アンプなどで再生したりする

2. 音源や映像、教材等の電子ファイルを一元的に管理し、即座にアクセスできるようにすることで、授業の停滞を防ぐ

3. デスクトップの壁紙を、音楽の授業独自のものや季節感のあるものに設定したり、音楽発表会の際はプログラムを表示したりして、音楽の授業や行事を盛り上げる（p.35、64 参照）

4. 授業計画や実施記録、評価記録、職員会議資料等、今まで紙媒体で扱っていた教務文書を電子化（将来的にはクラウド化[※]）し、業務の効率化を図る

※クラウド化
国内外にあるデータを蓄積する場所（サーバー）にデータを委ね、必要に応じてアクセスして閲覧・編集すること

　教師用パソコンと他の機器を接続する際は次のページの表に示すような規格のケーブルを用います。パソコンの側面や接続する機器を確認し、必要な規格のケーブルを用意しましょう。

2 – 2
教師用パソコンを活用する際の留意点

　教師用パソコンを音楽室に設置して授業等で活用する場合、次の点に留意する必要があります。

1. パソコンを操作する場所が、授業を進める上で支障にならない位置であること

　　グランドピアノの譜面台の脇や移動式の譜面台（丈夫なもの）等の上に置きます（できれば教師が操作している様子が子どもから見えないように設置し、パソコンを凝視しないで授業を進めるようにします）。

2. パソコンが授業のスピード感に対応できる十分な性能を持っていること

　　CPU の性能が悪い、メモリが足りないといった理由でなかなか再生されなかったり、フリーズ（動かなくなること）が多発したりするような状態では、授業での使用に耐えられません。

3. パソコン内の必要なファイルがすぐ見つけられるように、ファイルの整理整頓ができていること

　　ファイルを束ねるフォルダやファイルの名前に規則性を持たせて、すぐに見つけられるようにします（p.72 参照）。

4. パソコンと周辺機器をつなぐ配線で、教室の前面が煩雑に見えないこと

　　電源コードや USB ケーブルなどの配線は、子どもの座席の位置から見えないように隠すか束ねて、スッキリとした状態を保ちましょう。

第1章 音楽の授業で使えるICT機器 〜21世紀型の音楽室を創造する〜

◆ 主なパソコン用接続ケーブルの規格

規格名称	主な接続機器	接続部分の形状	接続端子の形状	特徴など
HDMI	液晶モニター・プロジェクタ（最新型）			2019年現在、主流となっているデジタル映像・音声ケーブル規格。FullHDや4K、8Kにも対応
D-Sub 15pin（ミニ）	液晶モニター・プロジェクタ（従来型）			従来のパソコンに多く用いられていた、パソコンとディスプレイを接続するアナログ信号のケーブル規格。音声入出力には、別にケーブルが必要
USB Type-A	プリンタ スキャナ			主にデータの転送に用いるケーブル。従来型のパソコンのほとんどには、このケーブルの端子がある
USB Type-C	プリンタ スキャナ 電源 アダプター等			データの高速転送等ができるUSBケーブルの新しい規格。表裏どちら向きでも接続できる
LAN	ルーター モデム等			インターネットや校内のサーバに接続するためのケーブル

19

> **5. ファイルのバックアップやウイルスチェックを定期的に行うこと**
> 　パソコンなどのICT機器はあくまで機械ですので、いつ故障するか分かりません。また、インターネットやUSBメモリ等を介してコンピュータウイルスに感染し、情報が漏洩してしまうといったこともあり得ます。定期的にハードディスクなどにバックアップを取ったり、ウイルスチェックをしたりして、トラブルに備えましょう。

3 タブレット端末

▲ タブレット端末のリズムループアプリ「ルーピマル」で学びを深める子どもたち

3-1 タブレット端末の大いなるポテンシャル

　学校におけるICT機器を使用した授業と言えば、これまで主に「コンピュータ室」にあるパソコンを操作して行うのが一般的でした（p.28参照）。しかし、タブレット端末が登場し、学校にも普及してきたことにより、この状況は一変しつつあります。パソコンを小型化し、一枚の板状にしたタブレット端末は、可搬性に優れ、どこの教室へも持ち運びができます。また、無線LANの機能を備えているので、電波の届く範囲ならどこででも、世界中の情報にアクセスでき、端末同士で情報を共有することができるのです。

第1章　音楽の授業で使えるICT機器 ～21世紀型の音楽室を創造する～

また政府は、2020年度から、このタブレット端末を使用することを想定した「デジタル教科書」を、学習者が使う教科書にできることを正式に認可しました。各教科とも、その教科の特性に応じた活用の仕方について研究を進めており、音楽科においても全ての領域のあらゆる活動の場面において、活用の可能性の検討が急務となっています。

③-② 主体的・対話的で深い学びを促す、新しい「教具」

タブレット端末は、紙のノートに匹敵する新しい「教具」であると言えます。しかも、その機能や活用の可能性はこれまでのノートを超越しています。具体的には、①考えを記録する際に写真や映像、音声を用いた記録が簡単にできること、②過去の学習成果を容易に参照できること、③インターネット上にある資料を参照できることなどがあり、さらに友達の画面を一覧にして比較できるなど、コミュニケーション機能を持った「未来のノート」が実現できるのです。また、スマートフォンと同じように直感的に操作できるUI（ユーザーインターフェース……操作画面）は、子どもが主体的に学ぼうとする意欲を刺激し、表示されるさまざまな情報をもとに、自ら思考・判断し、また他者と協働して問題を解決していく中で、さらに探究していこうとする深い学びを実現するものと言えるでしょう。

③-③ タブレット端末の活用方法

音楽の授業では、タブレット端末を活用することで、学習効果を高めたり、教師の負担軽減や業務改善を図ったりすることができます（タブレット端末の機能はパソコンと類似しており、活用方法はパソコンと一部共通です）。

教師がタブレット端末を活用する例

▶ 1. 授業中の活動の様子を録音・録画し、子どもの評価に活用する。テープのビデオデッキやカセットデッキとは異なり、評価するために見たい（聴きたい）場所を即座に再生できるところが大きな利点（p.74参照）

▶ 2. WordやPowerPoint等で作成した教材ファイルや、教科書・楽譜・ワークシートなど紙媒体を電子化したPDFファイル、画像・映像などのビジュアル教材ファイルを、大型モニターに表示したり、アンプなどで再生したりする（教師用パソコンでもできるが、スワイプやピンチインなどの指先によるコントロールで、より直感的な操作が可能。また、Wi-FiやBluetoothを活用することで、映像や音声を無線で送信することも容易）

21

3. 授業計画や実施記録、評価記録、職員会議資料等、今まで紙媒体で扱っていた教務文書を電子化（将来的にはクラウド化）し、業務の効率化を図る（新たな「教務手帳」としての位置付け）

※以下は使用する専用アプリケーションによって実現します

4. ミュージックプレーヤーアプリを使い、子どもたちの状況に合わせて、伴奏等の音源ファイルの速度や調を瞬時に変化させる（p.41 参照）

5. 教務アプリを使い、子どもたちの学習状況をリアルタイムで記録する。普段の授業の記録を累積し、学期末等の最終的な評価の信憑性や客観性を高める（p.74 参照）

子どもたちがタブレットを活用する例

1. 自分たちの演奏を録音・録画したものをグループ等で視聴し、話し合いながら演奏を改善していく

2. 楽曲の鑑賞や器楽の学習等の際に、Web ブラウザで検索し、その場で作曲家や扱う楽器の各部分の名称や歴史、演奏方法等の情報を入手する

※以下は使用する専用アプリケーションによって実現します

3. デジタル教科書として、学習内容や関連する動画等を表示し、授業の主教材として用いる（音源や動画等を再生し、他者と意見を共有する機能があるのが、紙の教科書から進化したところ）

4. 「楽器アプリ」を使い、本物の楽器を体験する前の疑似体験や練習に使ったり、既存の楽器では表現できない音色をつくり出して、音楽づくりの活動に用いる

5. 「リズムアプリ」や「音楽制作アプリ」を用いて、プログラミング的思考や協働的な学びを生かした音楽づくり（創作）をする

6. 一人一人がそれぞれのペースで楽曲を鑑賞したり、楽曲の構成を理解するために音源を分割し、再構成したりするといった鑑賞方法のために用いる（p.51 参照）

第1章　音楽の授業で使えるICT機器 ～21世紀型の音楽室を創造する～

3 - 4
タブレット端末を活用する際の留意点

　タブレット端末を音楽の授業で活用する場合、次の点に留意する必要があります。

▶ 1. タブレット端末を安全に取り扱うための教室環境ができているか

　タブレット端末は持ち運びには優れていますが、落下などに備え、「ケース」や「液晶フィルム」を装着することが望ましいです。また見やすく、扱いやすくするために、机や丈夫な譜面台の上に載せて使う方がよいでしょう。

▶ 2.「音」を取り扱う配慮ができているか

　子どもたちがそれぞれにタブレット端末を扱う場合、内蔵されているスピーカーから音を出そうとすると、隣同士で音が混ざり合って聴き取りづらくなってしまいます。このため音楽の授業では、個人用の「ヘッドフォン」を配布したり、グループ毎に同じ音源を聴取するための音の分配器（イヤフォンスプリッター）を用意したりするとよいでしょう（p.50 参照）。

▶ 3. 子どもたちが取り扱うための配慮ができているか

　子どもたちは教師以上にタブレット端末の扱いに慣れている場合があります。一人一人やグループで扱う場合、使わないアプリや機能にはアクセスしないように、あらかじめ設定をしておくとよいでしょう。また、環境が整っているようであれば、子どもたちに配布する全ての端末を、教師のパソコンやタブレット端末でモニタリングをしながら、活動を進めることが望ましいです。

3 - 5
タブレット端末アプリケーションのジレンマと未来

　2019 年現在、日本におけるタブレット端末のシェアは、Apple社の iPadOS をベースにした「iPad」と、Google 社の AndroidOSを使って各社が開発した端末が拮抗し、それらが 80% を占めています。そして残りの 20% が Microsoft 社の Windows OS を用いた

◆ タブレット端末とアプリケーションの互換性

	iOS 用アプリ	Android 用アプリ	Windows 用アプリ	Web ベースアプリ
iPad	○	×	×	○
Android タブレット	×	○	×	○
Windows タブレット	×	×	○	○

機種です。

　写真やビデオを撮る、ウェブを閲覧する、音楽を聴く、といったタブレット端末の一般的な使い方はどの端末でもできますが、タブレット端末のポテンシャルを最大限に発揮する「アプリケーション」については、使用する機種のOSの種類によってできることとできないことがはっきりしています。そして、現在は市町村や学校ごとにタブレット端末のOSの種類が違うので、できることに差が生じてしまっています。そんなOSの垣根を取り払い、どの端末でも同じことができるようにするために、各制作会社はインターネット上で動作する「Webアプリーケション」の研究開発を進めており、実現が待たれるところです。

4 書画カメラ（実物投影装置）

4-1 書画カメラ（実物投影装置）の活用方法

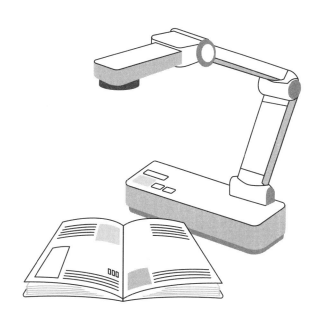

　書籍や楽器などの実物をテレビに大きく映し出し、子どもたちに提示しようとするときに役立つ機器が、「書画カメラ」です。音楽の授業でも次のような活用をすることで、授業内容への理解を促進したり、学習効果を高めたりすることができます。

> 1. 教科書や楽譜、ワークシートなどの紙媒体の全体もしくは一部分を拡大して表示する
> 2. 「鍵盤ハーモニカ」の鍵盤部分や「箏」の竜甲の部分など、実物の楽器や演奏者の手を表示し、演奏方法を解説する際に用いる

　また、これらの活用法以外に、書画カメラの「カメラ」の部分を子どもの方に向け、演奏している様子などを大型モニターなどに表示する、という使い方もあります。演奏をリアルタイムでセルフチェックする際に有効です（このような使い方をする場合は、子どもたちが撮影されることに慣れるよう指導が必要です）。

4-2 書画カメラを活用する際の留意点

　書画カメラを音楽室に設置して授業等で活用する場合、次の点に留意する必要があります。

> 1. 机などの平らな面に設置し、投影対象の全面を映すようにする
> 2. （書画カメラにライト機能がない場合）撮影に必要な「光量」を確保する
> 3. 音楽活動の妨げになったり、転倒や衝突しないように、安全上問題がない場所に設置する

5　その他の機器

5-1 「デジタルオーディオプレーヤー」「ICレコーダー」の活用方法

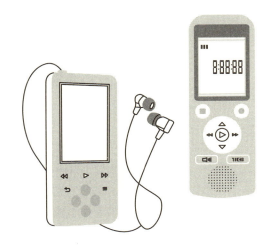

かつて一世を風靡した「ウォークマン」をデジタル版に進化させたのが、「デジタルオーディオプレーヤー（DAP）」です。音楽を何千曲も入れることができるのに、小型でポケットに収まるようなものが多く、手軽に音楽を再生することができます。
　また、マイクで音を録音し、デジタルの音源ファイルにして再生することができるのが、「ICレコーダー」です。最近では、高音質で音楽に適した録音ができる機種も増えてきました。子どもたちの演奏を録音し、その場ですぐに再生してフィードバックするときなどに便利です。
　これらの機器は再生と録音の機能を併せ持つ機種もあり、中には再生しながら音源の速度や調をコントロールできるものもあります。後述するBluetoothスピーカー等の拡声機器と無線接続することで、機動性を損なわずに授業を進めることができます。

5-2 「Bluetoothスピーカー」の活用方法

　「Bluetooth（ブルートゥース）」は、ICT機器同士を電波でつなぎ、利便性を高めるために開発された無線規格の一つです。パソコンやタブレット端末、オーディオプレーヤー等にはこの機能が標準装備されており、この機能を活用すると、同じくBluetoothの規格に対応したスピーカーに無線で接続することで、音楽も再生することができます。
　オーディオプレーヤー等を教師が携帯することで、教室内を移

動しながら音楽の再生、停止、選曲といった操作ができるようになります。子どもたちのそばに寄り添い、机間指導を行いながら、音源をコントロールしたいときに重宝する機能です。

5-3 「ドキュメント・スキャナー」の活用方法

　「ドキュメント・スキャナー」は、大量の紙媒体を一挙にPDFファイル等の電子データに変換して管理するための機器です。薄い冊子のみならず、大型の書籍なども裁断機を使って端をバラバラにして読み込むことで、電子データ化することができます。紙による情報がいまだに氾濫している学校現場では、紙資源の使用を減らしたり、印刷のための時間を削減したりするためにも、さまざまな紙媒体を電子データへ移行していくことが急務です。音楽科においても、楽譜や子どもたちが作成したワークシートなどを、ドキュメント・スキャナーを使って電子化し、教師用のパソコンやタブレット端末で管理・閲覧できるようにすることで、業務の効率化を図ることができます（p.70参照）。

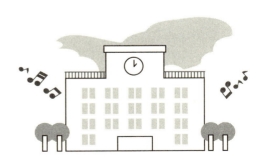

コラム 1

音楽科における ICT 活用の歴史

1980 年代以降の音楽科教育と ICT との関わりについてまとめました。

1980 年代

学校現場に
電子楽器が普及する

80 年代は、音楽の授業に電子楽器が普及した時期でした。『教育音楽　小学版／中学・高校版』（音楽之友社）などの音楽教育雑誌には、シンセサイザーや電子キーボードを使った授業実践例、新製品の紹介記事が多数掲載されました。もし当時の誌面をご覧になる機会があれば、現在と比べ、電子楽器関係の記事がとても多かったことを実感されるでしょう。

シンセサイザーなどの電子楽器の音色によって、リコーダーや鍵盤ハーモニカの音色を補完し、合奏のサウンド全体を豊かにしたり、低音域の補充を目的に低音オルガンを使う実践が増えたのがこの時期でした。また、音楽の授業や音楽会でポップス曲を演奏することが多くなり、それまでの教育用楽器だけでは原曲の雰囲気がつくれないため、電子楽器を導入したというケースも多く見られました。

当時、「電気の音は耳に悪い」と真っ向から電子楽器を批判する先生もまだ大勢いらっしゃいました。しかし、演奏技能の軽減、音素材の拡大といった、教育面での効果に気付いた先生たちも多く、電子楽器の魅力を熱心に啓蒙した時代——それが 80 年代だったのです。

1982 年に生産が始まった CD も、80 年代後半になると次第に学校現場で使用されるようになり、授業での使用音源のデジタル化が進みました。

1990 年代

DTM の全盛期

90 年代に入って、第一次の「教育の情報化」が進んだ結果、学校にコンピュータ室が設置されました。「HELLO！MUSIC！」（ヤマハ）、「ミュージ郎」（ローランド）などのシーケンス・ノーテーションソフトが爆発的に普及し、いわゆる DTM（デスクトップミュージック）ブームが起こりました。

まだコンピュータがある家庭は少なく、他教科向けのよいソフトも少なかったので、ソフトを用いて音符を入力すると音が鳴ることは、子どもたちにも興味深かったに違いありません。80 年代からコンピュータを使って作曲や楽譜制作に取り組んでいた音楽

の先生が中心となって、『コンピュータ音楽授業実践事例集：音の出る楽譜でこんなことができた』（小林田鶴子編著　東亜音楽社 1993）などの実践事例集も出版されました。この動きは90年代後半まで続き、『教育音楽　小学版／中学・高校版』でも、別冊として「パソコン音楽授業」を96年から連続5年発刊しています。同じテーマの別冊号が毎年出るなどということはその後ほとんどないので、この当時のDTMブームの勢いが分かります。

　90年代のもう一つの特徴としては、エデュテインメント（Edutainment = Education+Entertainment）の音楽ソフトの開発が挙げられるでしょう。CD-ROMで提供された《ピーターと狼》（プロコフィエフ作曲）などの「Music ISLAND」シリーズ（オラシオン）はその代表例です。また、「打楽器アンサンブル支援ソフト　パーカスコンボ」（教育ソフト）のような、音楽の授業に特化した学習用ソフトウェアが開発されたのも、DVDが学校現場に普及し始めたのも90年代後半でした。

　ただ電子楽器に関しては、指導者用オルガンは普及しましたが、音楽教育雑誌に紹介される器楽合奏の事例などは以前より少なくなってしまいました。

▲ ピーターと狼

2000年代前半
オンラインの活用が始まる

　2000年から段階的に始められた「総合的な学習の時間」の内容として「国際理解」、「環境」、「福祉・健康」と並んで、「情報」が示されたことにより、ICTを活用した教科横断的な実践が模索され、音楽とICTを組み合わせた実践例も見られました。

　また、2001年には教育情報提供サイトである教育情報ナショナ

ルセンター（NICER）が設立されて、各教科の授業に役立つコンテンツがダウンロードできるようになりました。さらに同年にはインターネット上の音楽教科書「オンライン音楽室」（平成12年度　文部科学省ネットワーク提供型コンテンツ開発事業）が制作され、音楽科教育用のデジタル教材配信サイトとして、注目を浴びました。これは、教育芸術社の教科書に掲載されている曲の楽譜、MIDIデータ、音楽用語検索等で構成されていましたが、特に、2部合唱のコンテンツは、細部にまで配慮が行き届いていて、音楽指導に苦手意識を持つ学級担任をサポートするコンテンツとして、高く評価されました。

　テレビ会議式の遠隔授業が試みられたのもこの頃です。地域交流として小学校と中学校、世代間交流として中学校と老人福祉センター、国際交流として日本の小学校とハワイの小学校、韓国の小・中学校との交流などが活発に行われました。

▲「オンライン音楽室」トップページ

2000年代後半
音楽科におけるICTの後退

　しかし2000年代に入ると、90年代以降盛んに行われてきたDTMを活用した実践は次第に下火になります。社団法人日本教育工学振興会（JAPET）が発行していた『実践事例アイディア集（小学校／特別支援学校）』でも、2002年以降、音楽科の事例が応募数、掲載事例数ともに減少しました。

　その理由として、2002年度から音楽の授業数が削減されたこと、コンピュータ室が音楽室から離れていること、コンピュータ室では歌ったり、演奏したりできないこと、コンピュータのバージョンアップにソフトのバージョンアップが追い付けなくなったことなどが考えられます。

第1章　音楽の授業で使えるICT機器 ～21世紀型の音楽室を創造する～

またインターネット回線を使用した遠隔授業についても、2000年代前半と比べて格段に簡単かつ安価に実現できるようになったにもかかわらず、音楽科ではほとんど行われなくなってしまいました。

「オンライン音楽室」は制作会社の解散などの事情によって配信停止となり、2005年にその一部のコンテンツがコンピュータ用パッケージソフトウェア（「オンライン音楽室」ではなく、「オ・フ・ライ・ン・音楽室」）に切り替えられましたが、ほとんど使用されず、その後、2011年からDVDとして教科書とセット販売されたことで、ようやく音楽の先生たちに認知されるようになりました。

「オンライン音楽室」をはじめとする文部科学省ネットワーク提供型コンテンツ開発事業は、10年後のインターネット時代を見据えた事業でした。他教科のデジタル教材にはその後も活用されているコンテンツが多く、同様の手法で数多くのデジタル教材が世に出るきっかけになったのですが、「オンライン音楽室」は、時代に逆行するように、ネットワーク提供型→CD-ROM（コンピュータ用パッケージソフトウェア）→DVDと後退していったのです。

2010年代前半
さらなる ICT の衰退

2010年を過ぎると、「フューチャースクール推進事業」（総務省 2010～2013）、「学びのイノベーション事業」（文部科学省　2011～2013)、「教育の情報化ビジョン」（文部科学省　2011～）などが開始され、これをきっかけに、タブレット端末を使った実践が各教科で盛んに取り組まれるようになりました。

これらの事業に関する実践事例集も多く発刊されましたが、音楽科の事例はほとんど紹介されませんでした。また、タブレット端末使用と連動するアクティブ・ラーニング、21世紀型スキルの育成を目指した取り組みに関しても、音楽科の事例が紹介されることはほとんどありませんでした。

個人的には大変努力している音楽の先生もいらっしゃると思うのですが、学校教育全体の動きの中で音楽科におけるICTのあり方を考える方がいないのか、上記の実践事例集などを編纂する他分野の研究者らが音楽科の事例を知らないのか、いずれかでしょう。

教育情報ナショナルセンターが2011年に運用を終了したために（まだウェブ上ではGENES全国学習情報データベースとして閲覧できますが）、音楽科教育のためのポータルサイトも事実上存在しなくなりました。

2010 年代後半

ICT 復調の兆し！

これまで述べてきたような状況が、「音楽科は最も ICT 化が遅れている教科である」という評価につながっていますが、ここにきて復調の兆しが見えてきました。

学校教育全体の動きを視野に入れている実践研究は相変わらず少ないのですが、個々の ICT 機器やソフトウェアの使用にとどまらず、広く ICT を捉え、音楽科教育の未来を考える特集が出てきました。以下が主なものです。

> 『音楽鑑賞教育』2012 年 1 月号
> 「今から始めよう！ ICT の活用 〜子どもと音楽を結び付ける指導技術（3）」
> 川池 聰、林田壮平他、公益財団法人音楽鑑賞振興財団　2012
>
> 『音楽教育実践ジャーナル』「特集　音楽教育と電子テクノロジー
> ―「共有」と「発信」を目指して―」11 巻 2 号
> 日本音楽教育学会　深見友紀子、永岡 都他、2014
>
> 『教科のプロもおすすめする ICT 活用術』
> 筑波大学附属小学校　情報・ICT 活動研究部　東洋館出版社　2016
>
> 『教育音楽　小学版』2016 年 12 月号
> 特集「ここまできた！ ICT を活用した最新授業」音楽之友社 2016
>
> 『音楽教育 ヴァン』vol.38
> ［特集］「小学校音楽科における ICT 教育の現状と期待」教育芸術社　2018

音楽科は、一般家庭にまだコンピュータが普及していない時代からコンピュータ室で DTM に取り組んでいた教科なのに、現在、ICT 活用が停滞しています。それには、授業実践に教育工学的な視点がないことや、普通教室には ICT 環境が整っても、音楽室は後回しになることなど、さまざまな要因が複雑に絡んでいます。しかし、最も大きな原因は、ICT を使うと生の触れ合いがなくなる、アナログ、アコースティックが好き、デジタル、ICT 機器は嫌いという音楽の先生や大学の研究者が多いからではないでしょうか。

音楽の授業では CD や DVD、電子楽器などを使ってきた自負があるせいでかえって進歩が止まっているように思いますが、これらの機器はいわば前世紀から存在する、ICT 機器の中では旧メディアです。音楽科の優れた授業実践をよりよくするためにこそ新しい ICT 機器があるのです。少し見えてきた復調の兆しを、ぜひ確実なものにしましょう。

第2章

ICT活用の提案
〜教科を変革する新たな取り組み〜

1 ICTで授業が変わる ～授業を支える新たな「教具」の可能性～

ここでは、授業におけるICT機器の効果的な活用方法について、まず初めに授業全般に共通するもの、次に領域分野ごとの活用方法について解説します。なお、教師がICT機器を操作する活用方法には 教師 、子どもが操作する活用方法には 子ども と示しています。また、紹介するパソコンやタブレット端末のアプリ（アプリケーション）は、2019年8月現在のものであり、将来は価格が変更されたり、より高機能なアプリが登場したりすることが予想されます。

1-1 授業全般におけるICT活用

① 子ども 子ども自身の振り返りのためにICT機器を活用する

演奏を振り返るために、録音や録画をすることは、以前からビデオカメラやカセットレコーダー等の「視聴覚機器」を用いて盛んに行われてきましたが、タブレット端末やICレコーダー等のICT機器を用いると、子どもが機器をより主体的に活用し、効率的に学習活動を展開することができます。

タブレット端末やICレコーダーを用いる利点は、録画（録音）したものを、即座に「再生」し、共有できるということです。画面上の時間軸のスライダーを指で操作することで、自分たちが見たい（聴きたい）箇所をピンポイントで再生できるので、活動時間の大幅な短縮につながります。

また、個人やグループが演奏の振り返りのためにこれらの機器を用いる場合、子どもが操作に慣れているのはもちろんのこと、

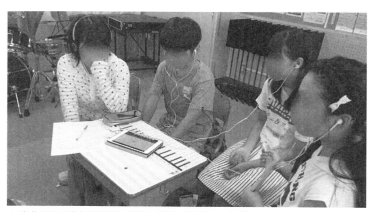

▲ 自分たちの演奏を即座に任意の場所から再生し、確認できる

使用する目的や見どころ（聴きどころ）をしっかり把握していること、見たこと（聴いたこと）を基に、どのように個人やグループで話し合い活動を展開していくか、手順をしっかり理解していることが重要になります。

②　教師　授業を「演出」するためにICT機器を活用する

　授業のさまざまな場面で、活動を演出したり、盛り上げたりするためにICT機器を活用することができます。

1. 年度や学期の初め（終わり）の授業開始時に、オープニング（エンディング）や座席表を表示する

　年度初め、子どもたちが新しい学級で初めて音楽室に入るときなどに、ディズニーなどの華々しい音楽等とともに、授業を開始する案内と、座席の位置を知らせるプレゼンをモニターに提示します。子どもたちは、これから何が始まるんだろうと目をキラキラさせながら着席します。どこに座るか分からない、といった授業開きの際にありがちな混乱も回避することができます。

　また、最終学年の最後の授業では、これまでの授業の写真などを、卒業ソングのBGMと共にスライドショーにして流します。6年間の締めくくりの授業としてふさわしい演出を行い、卒業に向けて意識を高めていきたいものです。

▲ 授業のオープニングスライド

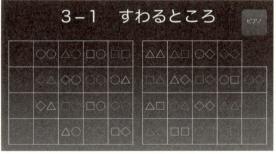

▲ 大型モニターに座る位置が表示され、速やかに着席できる

2. 大型モニターに風景や広い空間をイメージできる画像や映像を提示する

　音楽の授業では、共通教材など季節を感じさせる曲を取り上げることが多くあります。四季折々の様子を思い浮かべ、情感たっぷりに表現できるよう、音楽室では掲示物にも工夫を凝らしたいものです。季節感あふれる風景写真やイラスト、花などを設置して演出するのが一般的な方法ですが、大型モニターが

導入されたのであれば、表示する教師用パソコンの画面の「壁紙」の画像を季節ごとに変化させたり、取り上げる曲にちなんだ風景の画像や映像を表示させたりするのも、授業を演出する一つの方法です。

　また、遠くに歌声や楽器の音を届かせるイメージを持たせたいときに、美しい山々が連なる風景の写真やホールの客席の画像を大型モニターに提示するのも効果的です。「遠くにかすかに見える山々に向けて声を飛ばすように」や、「ホールの一番後ろの座席に座っている人に音が届くように」といった投げ掛けを加えることで、子どもが音の方向性を意識しながら演奏することができるようになります。

　これらの画像や映像の提示は、子どもたちが季節を感じ取ったり、曲のイメージを膨らませたりするための演出として効果を発揮しますが、時として子どもたちの自由な想像を阻害することもあるので、選定やタイミングを十分考慮した上で提示しましょう。

▲ スクリーンに映る風景を見て、曲のイメージをつかむ

3　教師　音楽室環境を整えるために ICT 機器を活用する

　全ての児童生徒に対してある程度の個別的な支援や配慮を初めから行う、という「授業のユニバーサル・デザイン化」が意識されはじめていますが、音楽の授業でも、ICT 機器を活用することによって、子どもたちが落ち着いて授業に臨めるようになります。例えば、音楽室前面の黒板に、必要以上に掲示物が貼られていることはありませんか？　また、昭和時代から貼ってある、著名な音楽家の肖像画がそのまま掲示されていないでしょうか？　必要

なときだけ、大型モニターでプレゼンテーションすれば事足りるものも多いと思います。音楽室内の視覚情報を整理、集約し、すっきりとした情報提示を心掛けることで、子どもたちが落ち着いて授業に取り組むための環境がまた一つ整います。

◆ 授業をユニバーサル・デザイン化する5つの視点

すっきり※	余計な刺激の排除、合理的なものの配置
はっきり※	めあての明示、発問・指示・表示の明瞭化
見える化※	ビジュアルシンカーへの配慮。情報の視覚化
つながり	授業の流れ、規律、教材等の共通化・固定化
学び合い	互いを認め、心から表現し合える雰囲気づくり

※ ICT機器が実践で特に力を発揮するもの

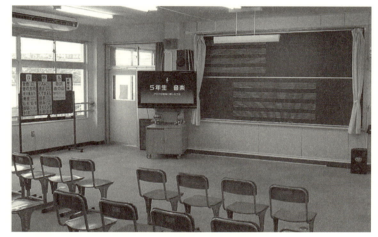

▲ 情報を大型モニターに集約し、すっきりさせた音楽室前面

4 教師 授業にスピード感を持たせるためにICT機器を活用する

　授業中、子どもたちが騒がしくなる原因の一つに、教師が機材の操作にもたついて空白の時間ができ、集中力が切れてしまうことが挙げられます。機材の操作に十分慣れて操作のスピードを上げることが解決策であることは言うまでもありませんが、さまざまな記録媒体（CD、DVD、ビデオカセット等）を個別の機器で操作するのでなく、ICT機器で集中的に管理、操作できるようにすることで、スピード感を高める方法もあります。

　すなわち、インターネットなど、メディアを必要としない「電子データ」でのやりとりが日常化している今日では、パソコンやタブレット端末といったICT機器さえあれば、全ての記録媒体を統合的に管理し、再生ができるのです。半永久的に保存できる電子デー

タになった音源や映像教材を、ICT 機器でどのように運用、管理していくか、教師の情報管理、活用能力が問われています。

▲ さまざまなメディア　　　　　　　▲ 教師用パソコンで集中的に管理

1-2 「歌唱」分野における ICT 活用

① 教師　プレゼンテーションソフトで歌詞のスライドをつくる

　教科書や楽譜を見て歌おうとすると、どうしても下を向いてしまい、喉が絞まって響きのある声が出しづらくなります。歌詞を十分覚えていなくても、前を向いて響きのある声で歌えるように、これまでは教師が歌詞を手書きしたり、拡大印刷機を用いてつくった大きな模造紙を、黒板に貼って提示していました。しかし、作成に時間がかかって教師の負担が大きかったり、紙であるが故に耐久性が悪く、保存に気を遣ったり、というデメリットがありました。

　これを一挙に解決するのが、パソコン等のプレゼンテーションソフト（マイクロソフト社の PowerPoint 等）と大型モニターの活用です。プレゼンテーションソフトには、PowerPoint のように「縦書き」に対応しているものもあり、歌詞をモニターなどに映してもとても有効です。また提示の方法には、場所によって以下の二つの方法が考えられるので、状況に合わせてファイルを作るとよいでしょう。一度作成したファイルは、パソコンやメモリに保存さえすれば半永久的に活用でき、とても便利です。

▶ **1. 授業等、教室や特別教室で使用する場合の歌詞スライド作成のコツ**

　　教室や音楽室で歌詞をモニターに提示する場合、文字がそれほど大きくなくても一番後ろの席からでも十分見えますので、歌の「番ごと」にスライドを作成し、間奏の間に、切り替えるとよいでしょう。発音に気を付ける言葉は、文字の色を変えて、子どもが意識しやすくなるようにします。

▶ **2. 音楽会、音楽集会等、体育館で使用する場合の歌詞スライド作成のコツ**

　　体育館でプロジェクタなどを用いて歌詞を提示する場合は、後ろの人にもしっかり見えるように、スライドの文字はなるべ

第2章 ICT活用の提案

く大きくし、一つのスライドに収める文字は、1フレーズ程度と考えた方がよいでしょう。

　この場合、スライド数が多くなりますので、パソコンを操作する人員を設けるか、プレゼンテーションソフトのリハーサル機能を活用するなどして、曲に合わせてスライドが自動で進むように設定しておくとよいでしょう（p.67参照）。

▶ 3. 音源ファイルをスライドに貼り付けて、自動的に伴奏を流す

　プレゼンテーションソフトには、スライドに音源ファイルを貼り付けて、自動的に再生する機能があります。一番はじめのスライドに音源ファイルを貼り付けて再生し、「スライド切り替え後も再生」の機能を使えば、歌詞のスライドを移動させても、そのまま再生し続けることができます。

▶ 4. 歌詞の表示には「ひらがな」がお勧め

　スライドに歌詞を載せる場合、言葉を漢字に変換することができますが、できれば「ひらがな」で作成することをお勧めします。発達の遅い子でも、ひらがなだけであればある程度読むことができますし、歌う際の口形や発音を理解する際にも、その方が説明しやすいからです。

かたつむり　文部省唱歌

①でんでん むしむし
かたつむり
おまえの あたまは
どこに ある
つの だせ やり だせ
あたま だせ

②でんでん むしむし
かたつむり
おまえの めだまは
どこに ある
つの だせ やり だせ
めだま だせ

▲ 狭い空間（音楽室など）での歌詞表示の例

でんでん むしむし
かたつむり
おまえの あたまは
どこにある

▲ 広い空間（体育館など）での歌詞表示の例

② **教師**　曲のイメージを膨らますことのできる、画像、映像等を提示する

　授業で歌う曲の中には、歌唱共通教材である『われは海の子』や『冬げしき』のように、歌詞の言葉が古く、意味が理解しづらかったり、住む場所や経験によっては、曲が意図する情景がうまく思い浮かばなかったりすることがあります。このような場合、歌う曲に関連する写真や映像をプレゼンテーションソフトのスライドに貼り付けて提示し、それらを見ながら歌うようにすると、作曲者や作詞者の思いや意図が理解されやすくなり、情感豊かに歌うための手助けとなります。

39

③ **教師** 伴奏音源を電子化し、教師・子どものニーズに合った再生方法を実現する

　これは歌唱分野に限ったことではなく、器楽にも言えることですが、本来「伴奏」は、人の手によって行われ、主となる演奏者と共に音楽表現上重要な役割を持つものです。伴奏者となる教師は、演奏者の豊かな音楽表現に寄り添える伴奏をするために、練習に多くの時間を費やしてきました。

　幸いにも、現在は多くの優れた「伴奏音源」がさまざまな記録媒体で商品化されており、自分の演奏を録音した音源を含め、それらを上手に活用していくことは、多忙な業務の中においては、ベストではなくともベターな選択であると言えます。そしてさらに、それらの音源をさまざまなICT機器を用いて再生することで、次に挙げるような教師・子どものニーズにあった伴奏にすることができます。

▶ **1. 伴奏を自動化し、子どもに寄り添った指導を行う**

　　教師が、ピアノにかじりつきながら伴奏をするより、伴奏音源を活用して子どもの近くに寄り添い、積極的にアドバイスする方が、教育的に効果がある場合が多いです。伴奏音源については、今まではCDプレーヤーやカセットデッキなどのオーディオ機器で行うことが多かったですが、デジタルオーディオプレーヤーやタブレット端末に搭載された「Bluetooth（ブルートゥース）」という無線機能を用いると、手元で音源の再生、停止などの操作をして、机間指導をしながら再生、といったことが可能となり、とても便利です（受信機能がアンプやスピーカー側に付いている必要があります）。

2. 音源の調（キー）や速度（テンポ）をその場で変化させる

　デジタルオーディオプレーヤーやスマートフォン、タブレット端末にインストールできるアプリの機能の中には、音源ファイルの調やテンポを変化させて再生できるものがあります。このような機能を用いることで、子どもの実態や練習の進度に応じたテンポで伴奏を再生したり、歌いやすい音域に調を変化させて伴奏を再生したりすることができます。

◆ 使用アプリ紹介

「Audacity（オーダシティ）」音源加工編集アプリ

対応OS　Windows、Mac など
価格　　無料
開発元　The Audacity Team.
©2019 by Audacity

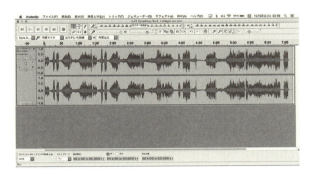

パソコンで簡単に音源の部分切り取りやコピーといった加工編集ができる

「Anytune（エニーチューン）」…音源加工編集アプリ

対応OS　iOS、Mac
価格　　無料（Pro 版は有料）
開発元　Anytune Inc.
©2011-2019 Anytune Inc.

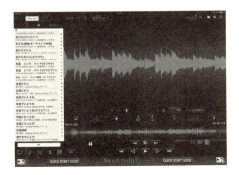

iPhone、iPad のミュージックアプリに入っている音源の速度や調をその場で変更できる

41

1 - 3
「器楽」分野における ICT活用

 子ども 仮想楽器を効果的に活用し、本物の楽器の音色のよさを味わう

[**事例 1** 楽器アプリのバーチャル体験を生かした器楽の授業例
～5年生「いろいろな音のひびきを味わおう」～]

　本題材では、箏の音楽の鑑賞や演奏体験を通し、日本の音楽に親しむ学習活動を展開していきます。活動を展開する中で、タブレット端末を「デジタル資料」として取り扱ったり、「疑似楽器」として取り扱ったりして、題材の目標にせまるために活用します。

　まず、教師は電子書籍作成アプリ「iBooks Author」を用いて、あらかじめ箏に関するデジタル資料を作成しておきます。そして、第1時に子どもたちはそれをタブレット端末の電子書籍閲覧アプリ「ブック」で見ながら、箏の仕組みや歴史、奏法について知り、ワークシートにまとめていきます。

　次に、箏アプリ「iKoto HD」を使い、右手の置き方や弦への指の当て方、弦の弾き方など、簡単な奏法を確認していきます。そして、ある程度弾き方に慣れたら、「縦譜」をそばに置いて、『さくらさくら』を箏で弾く練習をします。

　第2時では、前時の学びを基に、本物の「箏」で『さくらさくら』を弾く体験をします。楽器が足りないときは、順番に体験をしていくことになりますが、待っている間はタブレット端末の箏アプリを使って同時に練習するようにします。練習の最後は、演奏者全員でアプリによる『さくらさくら』を合奏してみます。

　体験が終わった子どもから、演奏の感想をワークシートに記入していくのですが、その際タブレット端末と本物の楽器を比べてどう感じたか、本物の楽器の持つよさはどんなところなのかについて、考えをまとめるようにします。

学習活動とICTとの関わり

　タブレット端末にインストールできるアプリケーションの中には、ピアノなどの鍵盤楽器や、ドラムセットなどの打楽器、そして、箏や和太鼓などの和楽器、民族楽器の演奏を疑似的に体験できるものがあります。タブレットの画面の中だけのものですので、本物の楽器が持つ独特な音色や響き、感触を味わうことはできませんが、雰囲気や簡単な奏法を知るといった「疑似体験」の用途に用いることができます。

　ここで気を付けなければならないのは、これらの楽器アプリはあくまで楽器演奏の「疑似体験」をするアプリだということです。

第2章 ICT活用の提案

題材名	**日本の音楽に親しもう**
教材	『さくらさくら』
主な学習活動	①「箏」について知る ②タブレットのアプリと比較しながら「箏」に触れ、豊かな響きを味わいながら、演奏する

ICT機器を活用する学習する流れ

1

箏に関するデジタル資料をタブレット端末で閲覧し、写真や映像を参考にしながら箏の歴史や各部の名称、奏法などについて、ワークシートにまとめる

2

1で得た知識を生かし、「iKoto HD」を使って演奏を疑似体験する。操作に慣れてきたら、縦譜を見ながら『さくらさくら』の練習をする

3

タブレット端末で学習したことを生かして、実際の箏を使い『さくらさくら』を弾く体験をする。慣れてきたら、演奏者全員で合奏をしてみる

4

最後に、タブレット端末のアプリと本物の楽器を比べ、音色や響き、指から伝わる感覚などの違いを見つけ、本物の楽器のもつよさを考え、まとめる

　本物の楽器が学校にあるのであれば、それらを体験する機会をメインに据え、アプリの活用はあくまで本物の楽器のよさをより深く味わうための「サブツール」と考えるべきです。
　例えば、この事例のようにクラス全員が和楽器などの演奏を体験するという機会もあると思います。しかし、学校では当然ながら一人１台の楽器を用意することはできません。そのような場合、クラス全員が順番に演奏を体験するということになるのですが、どうしても待ち時間に子どもの関心や意欲が低下し、騒がしくなりがちです（適切な指示を出していなければ、恐らくそうなるでしょう）。そのような待ち時間に、タブレットの楽器アプリを用い

43

て、疑似的にでもあらかじめ練習することができれば、本物の楽器の体験まで飽きることなく、また演奏する際に、効率よく体験をすることができるのです。

　また、タブレット端末等の楽器アプリが「疑似的なもの」であることを逆手にとり、本物の楽器の持つ豊かな音色や響きのよさに気付かせる、といった活用の仕方も考えられます。「本物」の持つよさを味わう経験を多く獲得すること……音楽科教育では特にこのことを大切にしたいものです。

◆ 使用アプリ紹介

「iBooks Author（アイブックスオーサー）」電子書籍作成アプリ

対応OS　Mac
価格　　無料
開発元　Apple Inc.
©2011-2018 Apple Inc.

パソコン（Mac）で簡単に電子書籍を作成でき、iPadなどのタブレット端末で閲覧できる

「iKoto HD（アイコトエイチディー）」アプリ

対応OS　iOS（iPad専用）
価格　　1,220円
開発元　GClue,Inc.
©2001-2013 GClue,Inc.

リアルな外観とクオリティーの高い音色で、箏の疑似演奏体験や録音などができる

第2章　ICT活用の提案

③ **教師**　楽譜プリントなどに音源にリンクするQRコードを掲載し、家庭でも伴奏付きで練習できるようにする

　子どもたちが自宅で歌やリコーダーなどの楽器を練習する場合、今までは無伴奏で行うか、自分でCDを探す、あるいは教師に相談して伴奏の音源を入手するしか方法がありませんでした。そこで、学校で配布する楽譜などのプリントに、伴奏の音源が聴けるYouTube投稿へのリンクを貼ったQRコードを付けると、両親などが持つスマートフォンやタブレット端末のQRコード読み取り機能を使い、どこでも伴奏を聴きながら練習できるようになります。家庭でのスマートフォンやタブレット端末の普及はかなり進んでおり、このような教師や子ども、あるいはその家族が持つICT端末を活用したBYOD（Bring Your Own Device）の取り組みは今後ますます増え、利便性が高まるものと思われます（作り方の詳細は小梨HP「明日の音楽室」をご参照ください）。

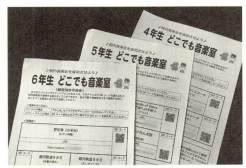

▲ スマートフォンなどのカメラのQR読み取り機能は、教育利用の大きな可能性を秘めています

1-4 「音楽づくり」分野におけるICT活用

① **子ども**　ICT機器を「楽器」として活用し、音楽をつくる

　タブレット端末のアプリケーションの中には、現実の楽器ではつくり出せないような音色が出せたり、サンプリング機能（音を録音して、音源として使用する機能）を使って、生活の中にある身近な音を録音し、それらの音源を画面上にパネルのように配置して「ドラムパッド」のように何度でも音を出せたりするものが存在します。このようなアプリがつくり出す音は、音楽づくりの分野で用いることができる新たな「楽器」として活用できる可能性を秘めています。

　また、最新のAR（オーギュメンテッド・リアリティ）技術を用い、大型モニター上に出現した仮想楽器に手をかざすことで、その楽器の音を出すことができる「KAGURA」のようなパソコン用アプリも開発されており、身体表現と融合させた新たな音楽創作のス

45

タイルが、ICT機器を用いることで現実のものとなってきています。このようなアプリでは、音楽に関する知識や楽器の演奏技術が乏しい人でも感覚的に音楽をつくり出すことができるので、授業の中で子どもが即興的に音楽をつくる活動においても、大いに力を発揮するでしょう。

◆ アプリ紹介

「KAGURA（カグラ）」…AR楽器アプリ
対応OS　Windows、Mac
価格　　個人利用：9,800円（Pro版は54,900円） 　　　　学校利用：21,960円（Pro版と同機能）
開発元　（株）しくみデザイン
©2019 SHIKUMI DESIGN Inc.

「KAGURA」の操作画面。自分が映し出されたパソコンやテレビの画面が「楽器」になる

② 子ども　タブレットのアプリを用いて、プログラミング的思考を育てる

　2020年度より全面実施される小学校の学習指導要領では、「プログラミング教育」の必修化を謳っています。各教科においては、プログラミング教育との関わりを模索する取り組みがなされていますが、もともと音楽は、音を音楽に構成するメカニズムが、コンピュータのプログラミングのロジックに類似しており、早くから親和性が高いものと考えられてきました。

　しかし音楽の授業では、表現と鑑賞といった「音楽活動」を中心に置くことが基本なので、音楽の論理的な部分のみを取り上げて、プログラミング教育と結び付けた活動を行うことには、「プログラミングのための音楽の授業」となる危険性をはらんでおり、警戒しなければなりません。

　音楽を中心に楽しく学習活動を行いながらも、その過程において、ICT機器を上手に活用しながらプログラミング的思考を生かす活動を展開していくことが、音楽の授業とプログラミング教育

との関わりのあるべき姿、と言えるでしょう。

　例えば、iPad用のアプリ「LOOPIMAL（ループマル）」は、8つのリズムパターンのパネルを自由に組み合わせて、8小節の「リズムループ」を形成し、リズムパターンごとに決められた踊りを動物たちが楽しく踊る、という子ども向けにつくられたアプリなのですが、このリズムパターンの配列に、「反復」や「再現」、「変化」といった法則性を見いだしていくことで、ただパネルを並べるだけでない、プログラミング的思考を生かした音楽づくりの活動に昇華させることができます。「プログラミング」という言葉を前面に出さずとも、音楽づくりを楽しむ中で、自然にその考え方が身に付くこうした実践が、今後音楽づくりの授業の中に増えていくことが期待されています。

> 事例2 プログラミング的思考を育む音楽づくりの授業例
> 〜3年生「拍の流れにのってリズムを感じ取ろう」〜

　本題材では、拍の流れにのってリズムを感じ取りながら、手拍子でリズムづくりをする活動をベースとし、タブレット端末のリズムループアプリを用いて、学習内容の応用や定着化を図っていきます。

　まず初めに子どもたちは、教科書（『小学生の音楽3』教育芸術社）に掲載されている教材「手拍子でリズム」を使った活動に取り組み、「3・3・7拍子」のリズムが「繰り返し」「変化」「再現」といった仕組みによってできていることを学習します。そして、4分音符に8分音符を加えて、さまざまな法則性を持った自分だけの3・3・7拍子のリズムを手拍子でつくります。

　ここまでは教科書通りの展開なのですが、ここからさらに学習の定着を図るため、LOOPIMALを用いた学習活動を展開します。LOOPIMALは元々幼少期の子どもたちのリズム遊びのためにつくられた楽しいアプリです。画面上の動物（9種類）が5つの「リズムパネル」ごとに違うダンスを踊り、そのパネルを8小節の「パレット」に載せて組み合わせることで、一つのリズムループを形成します。リズムパネルの組み合わせの違いによって動物たちのダンスも変わってくるので、視覚と聴覚の両方からリズムパターンの組み合わせの面白さを味わうことができます。

　最初はアプリを自由に操作し、いろいろな組み合わせを試してみること（ティンカリング）で、リズムパターンづくりの発想を得ます。そして、前時に学習した「手拍子によるリズムづくり」で学んだリズム構成の法則性（反復、変化、再現など）を、

LOOPIMALでどのようにリズムパネルを並べれば実現できるかを考えます。この際、子どもたちは、8小節の一つの曲（＝プログラム）の中に、どのようにリズムパネルを配置すれば、楽しいリズムパターンが形成され、動物たちが面白いダンスを披露するかを考えます。反復や再現といった、コンピュータのプログラムにも使われるような処理を施し、一つのリズムパターンをつくり上げていくのです。「リズムづくり」という音楽の創作活動の中で、楽しみながら自然とプログラミング的思考（論理的思考）を働かせて活動する一例であると言えます。

学習活動とICTとの関わり

本題材での取り組みは、教科書の学習内容を発展させ、ICT機器を使って学習内容をより確実に定着させるための方法の一例です。教科書の教材「手拍子でリズムづくり」だけでも、アンプラグドな手法（ICT機器を用いない手法）としてプログラミング的思考を働かせてリズムを構成できますが、このようなアプリを活用することで、子どもたちはより主体的に、また仲間との対話を通して互いの学びを深めながら、楽しく音楽づくりをすることができます。学習活動を締めくくるに当たり、再度手拍子でリズムをつくる活動に戻ると、子どもたち一人一人がICT機器を使った学びを生かし、より発想豊かな音楽づくりを実現していることを感じることができます。

◆ 使用アプリ紹介

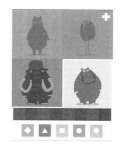

5つのリズムパターンのパネルを8つのパレットに配置して、リズムループをつくる。動物たちがリズムに合わせて可愛らしく踊る。4匹の動物のリズムセッションもできる

題材名	拍の流れにのってリズムを感じ取ろう
教材	「手拍子でリズム」「LOOPIMAL」
主な学習活動	①3・3・7拍子のリズムの仕組みに気付く ②3・3・7拍子のリズムの仕組みを使って、4分音符と8分音符で4小節のリズムをつくる ③LOOPIMALの各動物のリズムパターンの配置を試しながら、リズムループをつくる ④3・3・7拍子のリズムづくりを参考に、思いや意図を明確にしながら、班でリズムループをつくる ⑤LOOPIMALでの学習を参考に、再度3・3・7拍子の手拍子のリズムをつくり、班でつくったリズムをつなげてみる

ICT機器を活用する学習する流れ（主な学習活動③④）

1

「LOOPIMAL」を用い、さまざまな動物がリズムに合わせて踊るのを試しながら、どんなリズムループができるかティンカリングを楽しむ

2
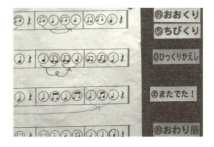
前時につくった3・3・7拍子の手拍子のリズムについて、「繰り返し」「対称」「再現」「終止感」など、工夫した点について考える

3
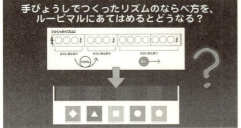
手拍子でつくったリズム配置を、LOOPIMALで再現するにはどうしたらよいかを考える

4

個々のリズムの面白さを感じ取り、全体の構成を考えながら繰り返し、反復等の工夫を生かしてリズムパネルを配置し、班ごとにリズムループをつくる（プログラミング的思考を働かせる）

5

つくったリズムループのパネルの図形をワークシートに書き写し、パネルを配置した意図（反復、対称、再現など）を班の全員で共有する

6

できたリズムループを発表し合い、リズムパネルの配置の工夫に気付き合いながら、よさや面白さを味わう

1-5 「鑑賞」分野における ICT 活用

1 タブレット端末が鑑賞活動にもたらすもの
〜一斉授業から個別の学びを生かした授業へ〜

タブレット端末を鑑賞活動に活用する大きな利点として、

▶ 1. 再生操作を指で行うことができ、曲の任意の場所を即座に再生し、鑑賞活動に入ることができる
▶ 2. グループや個人での鑑賞活動が容易となり、鑑賞をしながら対話的な学びが成立し、他人の意見を参考にしながら、個人の思考が深まる環境が整う

などが挙げられます。いずれも少ない授業時間の中で、効率的に鑑賞活動を行うために大変重要であり、今後、ソフトの開発や汎用化が進み、授業での活用が促進されていくことが期待されます。

2 鑑賞活動でのタブレット端末の効果的な使用のために
〜ヘッドフォン、イヤフォンスプリッターの活用〜

教室や音楽室内で数〜数十台のタブレット端末の各スピーカーから音を出そうとすると、それだけで騒乱状態になってしまい、授業の進行に支障が生じてしまいます。タブレット端末を使用する際の「ヘッドフォン」の使用は必須です。小学校高学年〜中学生ならば、個人のヘッドフォンを用意することもできますが、学校で用意して共有する場合、オーバーヘッドタイプのものを用意し、衛生面に配慮する必要があります。ヘッドフォンは一つ 1,000 円程度で購入できますが、最近では「100 円ショップ」で売っているものでも、十分使用できるものもあります。ヘッドフォンを使用すると、各々が何を聴いているのか把握しづらくなりますので、表情や体の動きなどを観察しながら机間指導をし、適宜アドバイスをするようにします。

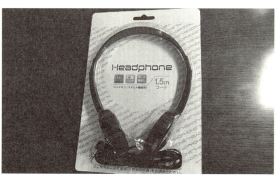
▲ 100 円ショップで購入できるヘッドフォン

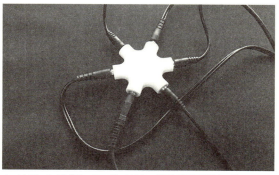
▲ イヤフォンスプリッター（中央の白い機器）500 円程度で購入できる

第2章　ICT活用の提案

　また、グループでの共同鑑賞活動でタブレット端末を用いる場合、「イヤフォンスプリッター」の活用が効果的です。これは、タブレット端末のヘッドフォン端子から出力した音を、5〜6つのヘッドフォンで同時に聴くための「分配器」です。このイヤフォンスプリッターを用いることで、他のグループの音と干渉せずに、自分たちだけが聴いている音を頼りに、話し合い活動を展開することができます。

3 タブレット端末を活用した鑑賞活動の実際

[**事例 3** アクティブ・ラーニングが展開される鑑賞の授業例
～6年生「いろいろな音のひびきを味わおう」～]

　本題材では、タブレット端末の機能や特性を生かした二通りの聴き方によってさまざまな音の響きを味わいながら、ホルスト作曲『木星』の鑑賞を行います。自己の感情、作曲者の思いや意図を考えながら、『木星』の中間部の美しい旋律を聴く活動を中心に据え、前後の異なる学習内容に関連性を持たせながら、曲の持つ魅力に迫っていきます。

[**第1時　自分の心に一番響く演奏を探す**]

　授業を始める前の準備として、教師は児童がタブレット端末で使用するhtmlファイルをWordなどで作成しておきます。使用する8つの音源を同じフォルダに入れて、文字にハイパーリンクをかけ、その文字をタップすると音楽が流れるようにしておきます。
　第1時の授業では、児童は個々のタブレット端末に入れてある、ある有名な旋律（ここではホルスト作曲『木星』の中間部。曲名はあえて伏せる）の8つの演奏形態（歌、ピアノ、パイプオルガン、オルゴール、金管合奏、弦楽合奏、バイオリン、箏篪）による演奏の音源を聴き、自分の心に一番よく響いてくる演奏の音源を選び出します。選び出す際には、

▶ **1.** その演奏がなぜ心によく響いたか、音楽を形づくっている要素（音色、テンポ、リズム等）と関連付けながら考える
▶ **2.** どんな様子や景色が思い浮かぶか、どんなときに聴きたいか、どんなところを他人に聴いてほしいかを考える

ようにし、ワークシートにまとめていきます。

51

その後、音楽室内で選んだ演奏ごとに分かれて集合し、なぜその演奏を選んだのかを話し合います。最後に他のチームに対し、自分たちが選んだ演奏のコマーシャルを行い、授業を締めくくります。

学習活動とICTとの関わり

今までの鑑賞の授業で主流だった「一斉型」の鑑賞活動では、全員が同じ音楽の同じ部分を聴きながら、個人やグループで思考する、という流れがほとんどでした。この場合、「ここをもう少し聴いてみたい」といった、個人やグループの嗜好は、現実的に無視せざるを得ませんでした。

しかし、一人1台（もしくはグループで1台）のタブレット端末を活用することで、こうした個人の嗜好を生かした鑑賞活動ができるようになりました。そして、「なぜ、いいなと思ったのか」といった自己のイメージや感情を、音楽を形づくっている要素とその働きという視点と結び付けて捉えることによって、より「音楽的な見方・考え方」を働かせながら鑑賞活動を行うことが可能になったのです。

また、後半の活動の中では、同意見の友達が集まって対話を行うことで、活発に共感的な意見交換が行われている様子が見受けられました。他の友達やグループの考え方に触れるという対話的な学びを通し、「そういう考え方もあるのか」「それでは、その聴く視点でもう一度聴いてみよう」「他の演奏はないのかな？」といった、新たな学びを誘う「深い学び」に結び付いていきます。

◆ 使用アプリ紹介

「Word（ワード）」ワープロ
対応OS　Windows、Mac、iOS 等
価格　　有償（単体販売、サブスクリプション等）
開発元　Microsoft Corporation
©2019 Microsoft Corporation. All rights reserved.

普通の文書ファイルと同じように、ブラウザで表示するhtmlファイルも作成できる

「Internet Explorer（インターネットエクスプローラ）」ブラウザ
対応OS　Windows、Mac、iOS 等
価格　　OSに付属
開発元　Microsoft Corporation
©2019 Microsoft Corporation. All rights reserved.

Word等で自作したhtmlファイルも表示できる（最新ブラウザは「Edge（エッジ）」）

第2章 ICT活用の提案

題材名	いろいろな音のひびきを味わおう
教材	組曲《惑星》より『木星』（ホルスト作曲）
第1時の主な学習活動	①『木星』の中間部のいろいろなアレンジの演奏を個人で聴き、自分の心に一番響く演奏を探す ②同じ演奏を選んだ者同士で集まり、選んだ演奏のよさについて話し合う ③自分たちの選んだ演奏のよさを発表し合い、異なった意見に触れ、自分の考えを深める

ICT機器を活用する学習する流れ

1

まず、曲名を伏せた状態で教師がリコーダーで『木星』の中間部の旋律を演奏する。この旋律が世界中の人に知られており、「究極のメロディーM」と名付けることを伝える

2

教師が用意したhtmlファイルを用いて、さまざまな演奏形態の「究極のメロディーM」を、繰り返したり、飛ばしたりして聴きながら、心に響く演奏を探す

3

一番心に残った演奏について、なぜそう思ったのかを、「音色」「テンポ」「リズム」といった音楽を形づくっている要素と結び付けながら考え、理由をワークシートに記入する

4

聴いた8つの「究極のメロディーM」の演奏が、何の楽器（人）による演奏なのかを知る（ここまでは先入観を持たせないように楽器名は伏せておく）

5

音楽室の中で、同じ演奏を選んだ者同士で集まり、よい点を共感し合う。中には、たった一人しか選ばない演奏もある。人によって感じ方がまちまちであることを知る

6

最後に、自分たちが選んだ演奏のよさを互いに伝え合う「コマーシャルタイム」を行い、他人の考えに触れることで、自分の思考を深める

53

[第2・3時　作曲者の思いや意図を捉え、各主題の並び順を考える]

　第2・3時では、まず初めに前回の授業で取り上げた旋律は、実は『木星』という楽曲の一部分である、ということを（原曲はまだ聴かずに）話し、今回は『木星』という大きな曲の中で、この旋律をより際立たせるために、作曲者は曲のどの部分に配置したか、そして曲の他の部分をどのように並べたのかを、作曲者になったつもりで個人やグループで考えてみよう、という課題に取り組んでいきます。

　授業を始める前の準備として、タブレット端末の中に「中間部」「終末部」「主題1～6」に区切った『木星』の8つの音源を入れ、児童が使用する「ロイロノート」というアプリの8枚のカードに貼り付け、色分けしておきます。

　第2時の授業では、まず初めにタブレット端末を一人1台使い、ロイロノートを用いて、個人で曲の構成（各主題の並び順）を、音楽を鑑賞しながら考えていきます。何もヒントがないと少し難しいので、順番を決める視点として、

▶ **1.** 元の旋律を置く位置をどこにするか
▶ **2.** パネルの色の違いは何か
▶ **3.** 二つのパネルの音楽のつながり方はどうか

　といったヒントを与え、個人の考えをまとめていきます。

　第3時では、グループで集まり、まず児童一人一人が前時に個人で聴いて考えた各部分の並び順を、理由を明確にしながら発表します。

　次に、ロイロノートを使い、音楽を共聴しながら、グループごとに並び順を決めていきます。

　グループで考えた並び順ができたら、その並び順を黒板に提示し、クラス全体で共有します。そして、なぜそのような並び順にしたのか、代表者はグループで考えた理由を説明していきます。

　最後に、『木星』全曲の演奏順序の正解（作曲者ホルストの考え）を、オーケストラの実際の演奏を視聴しながら、確認していきます。カードの並び方が合っていたときには、各グループから大きな歓声が上がっていました。そして授業の最後は個人の活動に戻り、作曲者や友達の考えに触れて思ったことや感じたことをワークシートにまとめ、締めくくります。

第2章 ICT活用の提案

第2・3時の主な学習活動	【第2時】 ①『木星』の中間部を際立たせるために、作曲者は他の主題をどのように配置したかを想像し、個人で音源を並び替える 【第3時】 ②グループになって個人の考えを述べ合い、共通理解を図る ③グループで個人の考えを生かしながら、音源を並び替える ④グループの考えを発表し合い、互いの理由を聞き合う ⑤実際の演奏を聴いて、作曲者の思いや意図を知る ⑥作曲者や他の友達の考えに触れ、感じたことを個人でまとめる

ICT機器を活用する学習する流れ

『木星』の中間部を際立たせるために、作曲者は他の主題をどのように配置したかを想像し、個人で音源を並び替える

グループごとに分かれ、前時に考えた並び順を一人一人が理由を述べながら発表し、共通理解を図る

次に、個人それぞれの考えを生かし、統合しながら、ロイロノートを使って、グループの考えを導き出す

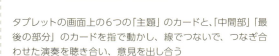

タブレットの画面上の6つの「主題」のカードと、「中間部」「最後の部分」のカードを指で動かし、線でつないで、つなぎ合わせた演奏を聴き合い、意見を出し合う

グループで考えた主題の演奏順を黒板に掲示して一覧にし、他のグループの考えを知る。出そろったら、なぜそのように並べたのか、グループごとに理由を述べる

最後にオーケストラの実際の演奏を聴いて、作曲者の考えを知る。正解のグループは一つだけだったが、正解を導き出すことではなく、試行錯誤して順番を導き出したことに意味があることを伝える

55

> 学習活動とICTとの関わり

　今までの鑑賞の授業では、グループで活動をする場合、機器の性能上どうしても、全員で鑑賞→全員で話し合い→全員で鑑賞→全員で話し合い……というような流れにならざるを得ず、時間がかかり思考が滞ってしまうことがありました。また、音楽室などで行おうとすると、他のグループの音が聞こえてきてしまい、集中して鑑賞に取り組めない、といった空間的問題もありました。タブレット端末＋イヤフォンスプリッター＋ヘッドフォンの組み合わせは、上記の問題を一気に解決し、グループのペースで「聴きながら、話し合う」という学習スタイルを可能にしました。

　また、「音楽全体を鑑賞する」「部分的に切り出して鑑賞する」という従来の鑑賞のスタイルに加え、「音楽を鑑賞しながら組み立てる」「原曲を想像しながら、音楽を構成する」といった、鑑賞の新たな学習スタイルが、タブレット端末を活用することで実現します。

　今回、グループごとにロイロノートを使って音楽を構成していく場面では、鑑賞（音楽活動）と意見交換（言語活動）が程よい割合で行ったり来たりしながら行われ、活発に学習活動が展開されました。普段発言の少ない子どもも、ヘッドフォンの音に集中し、多くの「つぶやき」を発しながら、グループの意見集約に貢献している様子も伺えました。タブレット端末の活用によって実現した新しい音楽の鑑賞スタイルは、子どもたちの主体的で協働的な学びを引き出すことを、あらためて実感しました。

◆ アプリ紹介

「ロイロノート」…思考ツールアプリ
対応OS　iOS
価格　　610円
開発元　株式会社LoiLo
©2007 LoiLo inc.

「ロイロノート」は、本来児童が思考、発信するためのツールとしてつくられたアプリです。画面上の小さなカードを、指で操作して自由に動かし、他のカードとつなげていきます。カードには、文字や画像の他、音楽も挿入することができます。そして、つなげたカードは一つのプレゼンテーションのような形で、続けて再生できるのですが、今回はこの機能を応用して、音楽の構成を考えることにしました

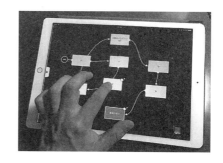

コラム 2　ICTを活用した実践紹介

　ICTを活用した実践を日常的に行っている先生が少しずつ増えてきました。次に挙げる実践例を参考に、できそうなことから始めてみてください。音楽の授業にスピード感が生まれ、授業準備に要する時間が短縮できたり、今までできなかった教え方、学び方が可能となります。実践者の所属は、実践当時のものです。

デジタルオーディオプレーヤー(iPod touch)とBluetoothでどこでも音楽再生

　授業中、iPod touchの中に入れている音源をBluetoothで無線を飛ばし、スピーカーで流しています。タブレット端末は操作性が優れていますが、片手がふさがってしまい、指導や支援がしづらいときがあります。その点、iPod touchならば胸ポケットに入れたり、首からぶら下げて教室内で持ち歩くことができます。音楽室のスピーカーがBluetooth対応でなくても、Bluetoothレシーバーをスピーカーにつなげれば音を流すことができます。授業で使用する音源をプレイリストにまとめておけばさらに便利。プレーヤーにCDを入れ、曲ごとにCDを替えるときのタイムロスがなくなります。　　　　（埼玉県所沢市立小手指小学校教諭　松長 誠）

▲ 音源を受信するBluetoothレシーバー（手のひらの黒い機器）

スキャンした伴奏楽譜を移調する

　「スコアメーカー」は、スキャンした楽譜を移調することができるアプリです。例えば、所有している楽譜の調を半音下げると、子どもたちが無理なく歌えるというときがありますが、手書きで移調しなければなりませんね。ノーテーションソフトを使っても、

音符を打ち込まなければなりません。合唱譜や合奏譜のように声部が複数あれば、一日仕事になってしまいますが、このアプリを使えば、一瞬で移調ができます。スキャンや移調の精度も素晴らしく向上しています。

(埼玉県所沢市立小手指小学校教諭　松長 誠)

動画編集ソフトiMovieを使って教材作成

リコーダーで「ソラシの3音」や「ソラシドレの5音」を使って、短いフレーズのまねをする「まねっこ遊び」。まねをさせたい楽譜の一部（例えば1小節ずつ）を写真に撮ります。それをトリミングして「iMovie」内に画像として並べます。付録のCDなどがあれば、音データとして貼り付けると、音付きのフラッシュカードの完成です。画面に情報が集約されるので、画面に視線を向けながら集中して活動することができるようになります。

(筑波大学附属小学校教諭　平野次郎)

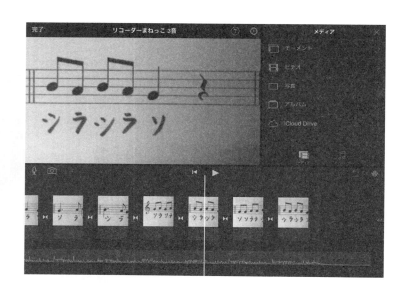

ロイロノートを使って、対話的に表現の工夫を考える

強弱記号を消した『おぼろ月夜』（高野辰之作詞／岡野貞一作曲）の楽譜を、子どもたちのタブレット端末内の「ロイロノート」上で「配付」し、ふさわしい強弱記号を書き込ませ、楽譜の画像を教師のタブレット端末に「提出」させています。書き込んだ強弱記号を学級全員で見ながら、表現の工夫をどのように考えたのかを話し合わせる中で、子どもたちは歌詞やメロディーの動き、曲の構成等に着目した表現の工夫を考えていきます。多くの授業に応用できる方法です。

(熊本大学教育学部附属小学校教諭　中島千晴)

GarageBand で
リコーダーの伴奏

　『聖者の行進』（アメリカ民謡）の主旋律（1パート）がある程度演奏できるようになったら、副旋律（2パート）をつくる活動に挑戦します。（1）「♪ソシドレ」→（2）「♪・・・」というように呼びかけとこたえの関係を生かしながら、（2）の副旋律を即興的に表現していきます。この活動は二人組を基本に行いますが、その際、さまざまに試しながら表現することができるように伴奏音源を作成し、「繰り返し再生（リピート機能）」します。伴奏音源は「GarageBand」で作成し、和音とベース、簡単なリズムパターンを打ち込みます。このように簡単な伴奏音源とリピート機能を活用することで、子どもたちがさまざまな発想を生かしながら、即興的に表現することができる環境になります。「GarageBand」での音源作成は操作に慣れてくると電車内でもつくれるくらい手軽にできますので、先生方もまずは気ままに触れてみてください。

（筑波大学附属小学校教諭　平野次郎）

あらかじめ先生の
リコーダー演奏動画を
撮影しておき、
授業中に再生

　リコーダーの指導の際、以前はアルト・リコーダーを使って見本を見せたり、子どもの近くで範奏していましたが、今はあらかじめ自分で範奏動画をつくり、指の部分をモニターに大きく映しています。動画編集ソフトを使って、楽譜や文字（指導のポイント）を挿入するほか、運指の映像を左右反転させ、子どもにとって鏡に映したときと同じになるようにするとなお一層効果的です。

（埼玉県所沢市立小手指小学校教諭　松長　誠）

先生のリコーダー演奏と解説動画を児童のタブレット端末（iPad）に入れて、練習を宿題に

卒業式で5年生が演奏する曲が『威風堂々』（エルガー作曲）に決まり、音楽専科の模範演奏と解説動画を撮影し、担任がタブレット端末（iPad）に入れました。子どもたちはそれを自宅に持ち帰り、自主練習。特に、演奏技能が低い子どもが、短期間でめきめきと上手になり、授業中に合わせること1回だけで、本番では堂々と演奏できました。児童一人につき1台のタブレット端末があり、しかも自宅に持ち帰ることができるという恵まれた環境でしたが、QRコードを活用すれば（p.45）、どの学校でも実践可能です。

（東京都北区立豊川小学校教諭　佐藤和紀）

音楽づくりの授業で、タブレット端末の録画機能などを使って振り返り

音楽づくりの授業では、自分たちでつくったものを録画して見返し、試行錯誤する活動にタブレット端末を使用しています。また、電子黒板を活用し、自分たちがどのように表現したいかをタブレット端末の楽譜に書き込み、クラス全体で共有して表現に生かすという活動もしています。

（茨城県つくば市立春日学園義務教育学校教諭　菊池康子）

GarageBandを使って、五音音階のメロディーづくり

「GarageBand」のDRUMSの中に、追加でダウンロードできる楽器として「Taiko Drums」があります。また、KEYBOARDは一見ピアノですが、音色を変え、鍵盤を五音音階のみ表示する形にすることもできます。これらの機能を活用することで、例えば、祭囃子を即興演奏して楽しむことができます。まず、太鼓のリズムをたたいて録音し、それをループ再生しながら即興で笛の旋律を重ねていくのです。フルートの高音域の音色が篠笛の音色に近く、適しています。音階を「ペンタトニック」に設定すれば、それ以外の音が出ないので、間違いを怖がらずに音楽をつくっていくことができます。（熊本大学教育学部附属小学校教諭　中島千晴）

複数の音源を入れたタブレット端末を二人で1台シェアして、音楽鑑賞

5年生の教科書に出ている『待ちぼうけ』（北原白秋作詞／山田耕筰作曲）をさまざまな歌手の歌声で聴かせて、それらの中からどの歌い方の表現が好きだったのか、その理由などを話し合うという学習。複数の音源を入れたタブレット端末を二人に1台用意して聴かせました。まず1回目は全体を通して、2回目はペアになって意見を交わしながら聴きます。歌手によって表現のニュアンスやテンポが違うので、音楽を構成する要素を意識しながら、自分が好きかどうかを基準に鑑賞します。

（茨城県つくば市立春日学園義務教育学校教諭　菊池康子）

第2章 ICT活用の提案

再生時間と再生バーで見通しを持って鑑賞＆共有

音楽を鑑賞するときに、再生時間と再生バーを児童が見えるように提示。再生バーがあることで、楽曲全体の中のどのあたりなのか、見通しを持って聴くことができます。特に音楽が苦手な児童にとってはあてもなく聴くよりも見通しを持って聴くことは有効です。再生時間を示しておくことは、音楽の中で気になったところを振り返るときや、「○分○秒をもう1回聴きたい」「○分○秒で急に変わる」といった児童の気付きを共有するときにとても便利です。一瞬で流れて行ってしまう音楽を可視化することは鑑賞の授業では大切だと思います。誰でも簡単に取り組むことができる方法です。　　（山梨県上野原市立秋山小学校教諭　和智宏樹）

▲ ホワイトボードにミュージックアプリを投影し、再生時間を表示する

文責　深見友紀子

参考資料
『教育音楽 小学版』2016年12月号 特集「ここまできた！ICTを活用した最新授業」松長 誠・平野次郎
音楽之友社（2016年11月）
『音楽教育 ヴァン』vol.38 特集「小学校音楽科におけるICT教育の現状と期待」松長 誠・菊池康子
教育芸術社（2018年9月）

2 ICTで音楽行事が変わる 〜子どもたちの音楽にICTが花を添える〜

「校内音楽会」や「音楽集会」のような音楽科が関わる学校行事でも、ICT機器を用いることによって、演奏を補助したり、演出を加えたりして、聴衆を子どもたちが生み出す音楽に引き寄せる効果が期待できます。

今まで、このような音楽行事での演奏の演出や手助けは、教師や子どもの手作業によって行うことがほとんどでした。例えば、音楽会の「めくりプログラム」を手書きで作ったり、歌う曲の歌詞を大きな模造紙に手書きしたり、会場装飾のためのイラストを手作りで制作したり……といった感じです。このような制作物は、とても人間味のある、温かいものではありましたが、音楽の演奏技術の向上にかかる時間とは別の、大変労力のかかる作業でもありました。教師の働き方改革や、授業内容の精選が取り沙汰されている昨今、「演奏技術の向上」以外の労力はなるべくかけないように努力することが求められていると思います。

ICT機器を用いて行う場合でも、初めは教師の多少の労力は必要かもしれません。しかし、一度データをつくってしまえば、繰り返し修正して使えるし、紙の制作物のように劣化しませんから、音楽行事を実施する際の教師や子どものさまざまな負担を軽減する、今の時代の流れに即した活用方法であると言えます。

2-1 「音楽会」でのICT活用

▲ 筆者の学校の音楽会の様子（ステージ両袖にデュアルスクリーンが設置されている）

初めに、年に1度程度、児童、保護者や地域の方々などが、体育館などに一堂に会して行う「音楽会」でのICT機器の活用について、考えていきましょう。

① 音楽会に適した会場づくり

　まず、これはICT機器を活用する以前のこととしての私見なのですが、私は「音楽会」と名を付けて実施するからには、音楽の演奏や聴取に適した会場の環境を、きちんと整備する必要があると考えています。これを実現するためにぜひお勧めしたいのが、「会場を暗くする」ということです。ただ暗幕を閉めるだけのことですが、余計な光をなくし、舞台のみを光で浮かび上がらせることで、演奏する側も聴く側も緊張感をもって音楽に臨むことができるからです。

　また、子どもたちの多くは、ホールのステージで演奏する機会はそう多くあるものではありません。場合によっては、そのような機会が一生のうちに一度あるかないかというような子どもがいる中で、学校でホールの雰囲気を味わわせてあげたい、と思うのです。体育館などの会場を暗幕などで暗くした場合、舞台だけを明るくするライトが必要になります。最近ではLED技術を活用した、高出力でいくつもの色をつくり出せる多機能なライトが、安価で購入できるようになってきました。このような機材を上手に活用し、音楽会の雰囲気づくりに役立てたいものです。

▲ 体育館の暗幕を閉め、演奏に集中できる視覚環境をつくる

▲ ホールのステージのような空間を創り出し、緊張感のある音楽会に

② 体育館前面の壁を生かした、スクリーン・プロジェクタの設置

　会場を暗くした際に、プログラムなどの提示方法としてお勧めしたいのが、体育館の舞台脇にある壁にスクリーンを設置し、プロジェクタをフロアに置き、下から映像を照射する、という方法です。

　一般的な体育館には、この壁面には校歌の歌詞などが掲示されていることが多いのですが、一時的にこの場所に白のスクリーンを画びょうなどで留めて設置します（白のスクリーンはネット

ショップなどで、150インチクラスのものが5,000円程度で購入することができます。厚手の白の模造紙や布でも可)。

　また、プロジェクタはフロアに軽いテレビ台などを設置してその上に置き、なるべくスクリーンと水平な位置から照射できるようにするとよいのですが、最近のプロジェクタはある程度下から照射しても、「台形補正」などの機能によって真っすぐに投影することができるようになっています。

　プロジェクタは、できればルーメン（明かりの単位）の高いもの、また設置場所によっては、短焦点機能（近くから大きく映し出せる機能）の付いたものを準備できるとよいでしょう。いずれにせよ、子どもたちが移動する際に触れて映像がずれたりしないように、しっかりと固定します。

　また、照射する壁面の前が子どもたちの入退場の通り道になっている場合は、光を直視しないことや、光の前でふざけたりしないなどの指導をあらかじめ行っておくとよいでしょう。

▲ 体育館左側面に設置した150インチスクリーン

▲ 体育館フロアに設置したプロジェクタと操作用パソコン

③ PowerPointを使った、曲目紹介、演奏者・発表者の紹介、曲に関する演出

　音楽会の進行内容については、プロジェクタ付近に設置したパソコンから、PowerPointを活用して提示していきます。PowerPointでスライドを作る際は、フォント（字体）の種類を変えたり、「アニメーション」機能や「画面切り替え」機能を上手に取り入れてオブジェクトに動きを付けたりして、音楽会の内容や進行にふさわしい映像演出を考えます。提示する内容は以下のようなものです。

▶ **1. 各学級（学年）の曲目紹介**

　演奏する曲名、作曲者、作詞者などを提示します。

2. 演奏者・発表者の紹介

演奏に携わる児童、司会を担当する児童、会の初めや終わりで話す管理職の名前等を映します。顔写真を入れてあげるとさらに効果的で、特に演奏人数が多い場合に顔が見えなくなってしまう伴奏者の児童をここで紹介すると喜ばれます。

▲ スクリーンに映し出す音楽会のメインタイトルスライド

▲ 発表をする子どもを紹介するスライド

3. 演奏曲に関する演出

演奏する曲に関連する画像・映像などを、演奏の聴取に集中することを妨げない程度に映すと、演出効果を高めることができます。子どもたちの演奏とシンクロすることで、聴衆の感動がより増すような素材を選びます（聴衆の気持ちが演奏から離れないよう、楽曲の性質や子どもの実態に応じてケースバイケースに、控えめに提示することが大切です）。また、会場全員で合唱する際は、1フレーズごとに歌詞を提示すると、観客も安心して一緒に歌うことができます。

4 ステージ上の伴奏者から指揮を見やすくする工夫

体育館のステージに大人数が並んで演奏する場合、指揮者はステージ下のフロアから指揮をすることになります。その場合、ステージ上に設置してあるピアノの位置に座っている伴奏者からは、演奏者が邪魔になり指揮が見えにくくなることがあります。

これを緩和するために、指揮者の前の床や指揮者用の譜面台に小型のビデオカメラを、またピアノの上に小型のモニターを置いてこれらをつなげば、モニターで指揮を見ながら伴奏することができるようになります。最近は映像も無線で飛ばせるようになってきましたが、このような大事な場面では、映像の遅延を警戒し、通信ケーブルをつなげて行う方が無難です。

▲ 指揮者の前に設置された小型ビデオカメラ

▲ ピアノの上にモニターを置くことで指揮が見やすくなる

2 - 2 「音楽集会」での ICT 活用

① 短い時間での集会だからこそ、ICT の活用を

　音楽集会がある日の朝は、非常にタイトなスケジュールの中で集会を行うことになります。準備や片付けに時間を取られず、できるだけスムーズに実施することが求められます。限られた時間の中で計画・実施する音楽集会においても、ICT 機器が活躍する場面が多くなります。パソコンやデジタルオーディオプレーヤーに音源を入れて、必要なときに即座に再生したり、PowerPoint で歌詞を映し出して歌ったりすることで、練習や集会時の時間短縮や効率化。そして、準備や運営に関する教師の負担軽減を図ることができるのです。

▲ ステージ上にプロジェクタを設置して歌詞を表示する音楽集会

② 歌詞を覚えるよりも「歌えること」にシフトした集会にするために

　教師も児童も多忙化している現状では、「音楽集会までに必ず歌詞を覚えなければならない」のはかなりのプレッシャーです。無理矢理覚えようとして自信がなく小さな声でしか歌えないよりも、言葉が分かって自信のある声で歌える方が、子どもたちにとって

第2章 ICT活用の提案

気持ちのよい集会になります。こんなとき、パソコンとプロジェクタがまた大活躍します。

音楽会と違い、朝の集会のために準備できる時間は限られているので、プロジェクタとスクリーンは、体育館の舞台の上に簡易的に設置できるものにします。スクリーンの視認性を高めるため、体育館の暗幕は全て閉める、あるいは前方や後方だけ閉める、など、光の調整をした方がよいでしょう。

歌詞の表示には PowerPoint を使用しますが、体育館の後ろの方までよく見えるよう、歌詞のフォントはゴシック等の太めのものを選び、なるべく大きく表示するようにします。一つのスライドに1フレーズ程度の歌詞のみを入れるようにするとよいでしょう。

1フレーズごとにスライドを動かす場合、歌の進度に合わせて、子どもが見やすいようにタイミングを見計らって次のスライドに移動する必要があります。

歌う際に伴奏者がいる場合は、伴奏の速度に合わせ、歌が次のスライドの言葉に移動するほんの少し前に、次のスライドを表示させる操作を行います（この操作が早かったり遅かったりすると、子どもが戸惑い、歌声が減る原因となります）。

また、伴奏をできる人がいない、などの理由で、音源ファイルを伴奏として用いる場合は、あらかじめ PowerPoint の1枚目のスライドに貼り付けておき、タブから「再生」をクリックしてリボンを表示し、「スライド切り替え後も再生」にチェックを入れておくことで、次のスライドに歌詞が移動した際も音楽を続けて再生させることができます。

3 スライド移動のタイミングを自動化して、歌声の指導に集中する

音源ファイルを入れたスライドを使用する場合、PowerPoint の「スライドショーの記録」機能を使ってあらかじめ次のような準備をしておくことで、音楽の再生と、スライドの移動を全て自動的に行うことができます。

▶ **1.** PowerPoint の「スライドショー」タブの中の「スライドショーの記録」をクリックする

▶ **2.** 自動的にスライドショーが始まるので、作ったスライドの歌詞の長さと、音源の伴奏に合わせて、タイミングよくマウスをクリックして（キーボードの Enter キーを押して）スライドを進めていく

▶ **3.** 歌の終了とともに、画面左上の「スライドショーの終了」ボタン

67

を押すと、全てのスライドの移動のタイミングが記録される（次にスライドショーを行うときには、自動的に音源が再生され、スライドが勝手に動いていくようになる）

　この機能を活用すると、PowerPointの操作の自動化により、音楽集会の「ワン・オペレーション」ですら可能となります。運営に携わる教師や児童が少なくても、各学級・学年に寄り添って盛り上げながら、音楽集会を進行することができます。

2-3 「ミニコンサート」でのICT活用

▲ 音楽室での「リコーダー演奏発表会」の様子

　音楽の授業中におけるグループ活動の発表や、吹奏楽部や合唱部などの課外活動におけるソロ、あるいはアンサンブル等の小さな発表会を校内で開く際にも、ICT機器を活用して演奏に花を添えることができます。

　ここでも、前述した「音楽会」での取り組み同様、「人の前で演奏するからには、きちんとした雰囲気の中で」という、教師側の姿勢が重要となります。たとえ短い期間の練習であったとしても、つくり上げてきた音楽を価値付け、人前で表現することの意義を子どもたちが感じ取れるようにするためには、こうした演奏の環境づくりも大切なのです。

　学校の中でミニコンサートを開く場合、音楽室や多目的室が会場になることが多いと思います。授業中のこともあれば、休み時間、放課後の課外活動の時間ということもあるでしょう。いずれにせよ、短い時間でできるちょっとした準備を会場に施し、まるで本物のコンサート会場にいるような雰囲気を演出することで、

第2章　ICT活用の提案

コンサートをより盛り上げることができます。ここでは、ICT機器を一部活用した、ごく簡単なミニコンサート会場づくりについてご説明します。

[音楽室（多目的室等）をミニコンサート会場にする方法]

▶ **1. 舞台を意識した配置を考える**

　　会場の四隅の一辺をステージとして活用できるよう、ピアノや座席の位置を決め、ステージとして使用する前面に演奏者用のスペースを設けます。

▶ **2. 暗幕で部屋全体を暗くする**

　　このことを実現するためには、事前にその教室の設備について確認しておく必要があります。暗幕がないようであれば、管理職や校務員さんにお話しし、用意してもらいましょう。完全に真っ暗になるように暗幕が付いているのがベストです。

▶ **3. ステージ用ライトを用意する**

　　体育館で行う音楽会で使用するライトがあれば、それを活用することができるでしょう。普段の明るさとは違う、ステージ上の眩しい光を再現できるライトがほしいところです。このライトがあるだけで、会場の緊張感や、子どもたちの演奏に対する集中力もがぜん変わってきます。

▶ **4. 大型モニターにプログラムなどを提示する**

　　ここがICT機器の活躍するポジションです。PowerPointで、コンサートの名前、そして、演奏者の名前や演奏曲名などを表示していきます（あくまでメインは「演奏者」ですので、前面の隅にさりげなく配置するように留意します）。ステージのライティングと相まって、本格的なコンサートのような雰囲気を生み出し、演奏を引き立たせることができます。

▲ 音楽室の前面と座席の間に空間をつくり、ステージにする

▲ 設置するステージ用ライト。光が強いときは直接見ないように指導する

69

3 ICTで教科の仕事が変わる〜ICTを活用した効率的な教科事務〜

ICTは、子どもの学びに大きな変革をもたらすとともに、教師の「事務処理」にかかる負担の軽減にも、大きな役割を果たします。多種多様となった教師の仕事の中で、事務作業を効率化し、それらに費やす時間を短縮することは、限られた時間の中で、できるだけ多く子どもと接する、という教師本来の仕事に注力するために必要不可欠なことです。

最近では、すでに多くの学校で、パソコンやタブレットを使った「校務システム」が導入されており、その有用性について実感なさっている方も多いと思います。ここでは、特に「音楽科の教科運営」のための事務処理に関して、ICT機器を使ってできる、効率化のための実践をご紹介します。

3-1 音楽科で使う書類・楽譜の電子化

学校はいまだに「紙の書類」のあふれかえる場所の一つです。最近企業では、地球環境に配慮し、こうした紙資源の使用を抑制するため、文書の「電子化」を進めています。学校でも徐々にこうした動きが出始めていますが、児童が使っている教科書やノートがまだ「紙」主体であることや、教師が扱う校務システムの運用が未成熟のために、まだ思うように進んでいないのが実情です。

音楽科に限って言えば、子どもたちが使用するワークシートや楽譜は、まだ紙に頼らざるを得ない現状があります（将来的には、これらも電子化される可能性はあります）。しかし、（教師が管理する）その元となる文書や楽譜については、電子化して「電子データ」として保存・管理することができ、必要に応じて印刷する、といった運用をすることができます。カメラで撮って画像ファイルにして保存する、という簡単な方法もありますが、おすすめは「ドキュメント・スキャナー」というICT機器を用いて電子化する方法です。

ドキュメント・スキャナーは、コピー機と同じ要領で一度に大量の書類をスキャンして、PDFファイルなどの電子データにすることができる機器で、日本では富士通やエプソン、キヤノンなどが製造しています。この機器は、書類の他に書籍や雑誌なども、自分で本の端を裁断して一度にスキャンし、電子化することができるので、持っている音楽理論書や教育書、楽譜までも電子化し

第2章 ICT活用の提案

て管理することができるようになります。

　最近では、プロの音楽家たちの中でも、このドキュメント・スキャナーを使って自分が持っている紙ベースの楽譜をスキャンして管理し、演奏する際にタブレット端末などで見る、というスタイルをとる人を見かけるようになりました。同様にたくさんの「紙媒体」を管理する我々音楽に携わる教師にとっても有用であり、本棚いっぱいにある書籍や楽譜を、電子化してきれいに整理できるとともに、それらを授業の際に、大型モニターに拡大して提示する、といった活用も実現することができます。

　しかし、既存の楽譜を電子化する際に気を付けなければならないのは、楽譜も書籍同様、「著作権」を有しているということです。紙ベースの楽譜に比べ、電子データではあっという間に複製ができてしまい、著作権への意識が薄くなりがちです。「個人の範囲で」「授業の範囲で」といった著作権の枠組を遵守し、管理していくことが大切です。

3 - 2
書類・楽譜ファイルの効率的なデータ管理方法

　文書や楽譜の電子ファイルも、作成・保存していくうちにどんどんたまっていきます。これらのデータは、教師として自分の大切な「資産」として、職を終えるまでなくならないようにきちんと管理していきたいものです。紙で作られた書籍や楽譜、教材とは違い、電子データはきちんと管理さえできていれば半永久的に保存しておくことができます。しかし、電子データであるがゆえに「失う」ことも簡単に起こりがちで、保存には細心の注意を払う必要があります。

1 バックアップは定期的に

　せっかくつくった電子データが、パソコンの故障であっという間に消滅、という事態にならないために、作成した電子データは、定期的に別な場所に「バックアップ」をとる必要があります。バックアップする先は、USBメモリやハードディスクドライブなどがありますが、一カ所ではなく、いくつかの場所に同じものをコピーして保存しておくことが大切です。

2 クラウドサービスの活用を検討する

　あくまで教師個人が作成したもので、個人情報に触れていないような電子データであれば、クラウドサービスに保管する、という方法もあります。これは、パソコンやタブレット端末に専用の

71

アプリをインストールすることで、機器内で作成した電子データを自動的にクラウド（サービス会社のサーバー）に複製し、保管しておけるサービスです。

　現在、主なクラウドサービスとして、Dropbox（ドロップボックス）、マイクロソフトのOneDrive（ワンドライブ）、グーグルのGoogle Drive（グーグルドライブ）などがあり、5GB程度までであれば、どのサービスも無料で使うことができます。世界のどこか分からないところに自分のデータが置かれることを心配する方もいるようですが、このようなサービスをする会社は「信用」が第一ですので、鞄の中にUSBメモリを入れて持ち運ぶより、よほど安全であると言えるのかもしれません。

③ 文書ファイル・フォルダの管理の仕方

　パソコンやタブレット端末に保存した文書は、階層化されたフォルダに収められて管理されます。その際、ファイルやフォルダにどのような「名前」を付けるかによって、つくった文書ファイルの「見つけやすさ」が変わってきますので、ファイルやフォルダの管理の仕方について、いくつかご紹介します。

1. 名前の中に数字（1、2、3…）や記号（A、B、C…）を入れて、昇順（降順）に整理

　フォルダやファイルは、名前の中に番号を入れることで、昇順や降順などに自動的に並んでいきます。この特性を生かして、名前の中に数字や記号を入れることで整理することができます（数字や記号は「半角」を使うのが一般的ですが、「/」や「:」、「¥」などシステム上使えない文字もあります）。

> 例　文書 01_ 教科「音楽」、楽譜 02_ 器楽合奏曲、楽譜歌唱 01_ あ〜…など

2. （文書ファイル）名前の後に、作成した日時（西暦・和暦）、作成したときの学校名を入れる

　ファイルがいつつくられたのか、どの学校に在籍しているときにつくったのかが明確になるように、業務に関する文書ファイルに入れます。学校では西暦と和暦の両方で表記することがあるので、どちらも入れておくと分かりやすいです。

> 例　「とんび」発表ワークシート【190803R01 戸田東】
> →2019年（令和元年）の8月3日に戸田東小学校在籍の際に作成したという意味

3. (楽譜ファイル) 名前の前に頭文字2文字程度のひらがな（アルファベット）を入れる

楽譜ファイルの場合、フォルダ内にあいうえお順（もしくはアルファベット順）に並んでいた方が自動的に整理され、見つけやすくなります。

> 例　えて__越天楽今様　すき__スキーの歌　びん__Bingo

4. (楽譜ファイル) 名前の後に、演奏される楽器の編成などを入れる

楽譜ファイルの場合、その楽譜が何の楽器（歌）のどのような編成のために作られた楽譜なのかが分かるようにしておくと便利です。

> 例 もみ__もみじ【同 2+Pf】 …同声 2 部合唱とピアノ伴奏が入った「もみじ」の楽譜
> ふる__ふるさと【吹 S+P】 …吹奏楽編成でスコアとパート譜が入った「ふるさと」の楽譜

なお、**2** や **4** のように、フォルダやファイルの名前に決まった文章や言葉、年月日を挿入する場合、スニペットツールと呼ばれるアプリを用いると、いちいち文字を打ち込まなくても、自動的に決まった文言を挿入することができます。

◆ 主なスニペットツールアプリ
　Windows…「PhraseExpress」／ Mac…「Clipy」「Alfred」など

▲ 文書フォルダ管理の例。親フォルダ（網掛け）の中（右側）に、子フォルダが入っている。

3-3 評価に ICT 機器を活用する

教師の事務処理の中でも、大きなウエイトを占めるのが、子どもの「評価」に関わる業務です。特に音楽の評価は、他の教科と違って、1 回のペーパーテストや実技テストで判定できるものではありません。そして、その判定は最終的に「教師の主観」に頼らざるを得ず、その判断が客観的に見ても正しいものであるために、教師は子どものさまざまな情報を集める必要がありました。この「評価」の段階においても、ICT 機器を取り入れることで、より効率的に、かつ客観性、信憑性を高めた評価をすることが可能となりました。

① 子どもの表現活動の様子を録音・録画する

　これは、今までもカセットレコーダーやビデオカメラなどの視聴覚機器でもできたことですが、ICレコーダーやタブレット端末といった、最新のICT機器を活用することで、「いつでも」「どこでも」「すぐに」録音（録画）・再生できるようになったことが、大きな進歩であり、評価に用いる実用性がさらに高まったと言えます。表現活動で気が付いたことを瞬時に記録する、必要であれば、録音（録画）したものを子どもにも聴かせ（見せ）、自分たちの表現活動の振り返りにも活用していく……このような活動を普段の授業の中で日常的に行うことで、子どもの「より自然体な」姿を記録することができ、評価の信憑性を高めることができます。

② ICT機器を「教務手帳」として活用する

　最近では、タブレット端末を教務手帳のように活用し、子どもの様子を記録し、評価に生かすことができるようになってきました。前述した通り、音楽の評価は、1回のテストで判定できるものではなく、普段の授業の中でいかに子どもの様子をつぶさに観察し、その記録を蓄積して評価の信憑性に結び付けていくかが重要となります。ここでは、そんな子どもの「普段の授業の様子」を実に簡単に、効率よく記録し、評価に結び付けていくことができるアプリを一つ、ご紹介します。

◆ アプリ紹介

　このアプリは、教師が教務を行うためのあらゆる機能が詰まった、実に有能なアプリで、2019年8月現在ではおそらくこのアプリの右に出るモノは世界にない、ぐらい優秀なアプリです。この「iDoceo」を使ってできる機能を列挙するとおよそ次のようになります。

- 児童の情報、出席状況、成績の記録・管理（Excel ファイルなどから読み出し可）
- 児童へのメールでの連絡機能
- 学級ごとの名簿の作成、管理
- 座席の表示、管理（班ごとの座席など、数パターン表示可能、任意移動可）
- 座席表での評価記録。記録した項目は、児童名簿に一覧で表示され集計される
- ルーブリック評価の記録・指名する児童のランダム選択（ドラムロール付き！）
- 授業中の録音、録画による記録。手書きによる記録
- 児童ごとの成績レポートの自動作成
- 教師の時間割、スケジュールの管理（iOS カレンダーと連携）
- ストップウォッチ、タイマー
- クラウドサービスへのバックアップ。Google Classroom 等との連携
- 指紋認証、暗証番号による強固なセキュリティ
- 11 言語に対応（もちろん日本語も対応）

　これ以外にも書き切れない機能があります（これだけ機能が詰まっていて 1,480 円というのは驚くべきことです）。個人情報保護への配慮は当然必要ですが、条件が整うようであれば、ぜひこのようなアプリを積極的に活用し、子どもの評価に関する業務の効率化を図っていきたいものです。

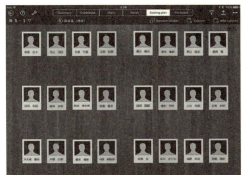
▲ 座席表の画面。写真入りで自由に席を配置できます

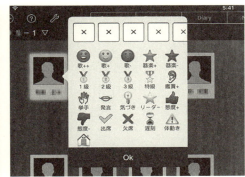
▲ 座席をタップし、評価項目を選びます

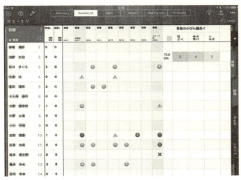
▲ 評価は累積され、一覧表になり成績に反映できます

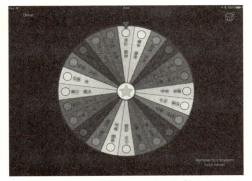
▲ 名簿からルーレットが作れるなど、遊び心もあります

第3章

ICT活用の
課題と展望

～21世紀型の音楽科教育～

1 音楽室の ICT 環境を改善するために

ここでは、音楽室の ICT 環境を改善していくための具体的な方略についてまとめます。

1 - 1
自治体や学校によって格差が大きいICT の環境整備

学校の ICT 環境整備には財政措置が講じられています。ただ、この予算は地方自治体が自由に使える「地方交付税」であるため、他の使途に回されてしまうことも多くありました。

このあたりの事情について、2014 年 4 月、全国に先駆けて、市内の全小学校に電子黒板や通信環境を整備し、児童生徒一人 1 台タブレット端末を導入した福田孝義さん（現佐賀未来塾 ICT 活用教育研究所所長）は次のように述べています。

「教育の情報化を事業化するに当たっては、学校現場や保護者はもちろん、首長部局や議会からの理解と協力が重要です。というのも、教育の情報化に限ったことではありませんが、当該分野の担当者にとって優先順位が高いとしても、県政、市政全体から見れば、数多くある検討課題の中の一つに過ぎないからです。担当者は、国や社会の動きも踏まえ、事業の必要性や緊急性、予算規模の妥当性や有効性、矛盾点等を検討しつつ、先進自治体等の取り組み事例やその評価等も見ながら、しっかりとした事業計画と考えを持つ必要があります」

数多くある検討課題の中で、学校の ICT 整備に予算を回してもらうためには、教育委員会などの担当者が、その必要性などについて説得力あるアピールをしなければならないということになります。

ICT 活用の有効性や必要性に対する認識が乏しく、ICT 環境が貧弱なのに、相変わらず整備をしない自治体が多いのも現実です。一方、自治体からすれば、他に優先順位が高い事業があれば、それに予算を回すのはごく当たり前の判断です。ICT の教育効果を示す客観的なデータを求めても、教育委員会が示すことができない場合は、予算化に積極的になれないのも無理はないことでしょう。

このようにして、ICT 推進派の首長、教育長がいる自治体では

第3章 活用の課題と展望 〜21世紀型の音楽教育〜

学校のICT化が進み、反対に、ICT化が進んでいない自治体の学校はますます取り残されていくという二極化が起きています。東京都内でも、区によってICTの整備状況が違い、全ての先生に授業用タブレット端末が与えられている区と、全く進んでいない区があります。どこの区に勤務するかで、先生のやれることが違うということは、どの区に住んでいるかで、児童生徒のICT環境も違ってくることを意味しています。

　公立学校のネットワークはいろいろと規制が厳しく、新しいメディアを教育に取り入れることができにくい状況にありますが、公教育において情報弱者をつくるようなことがあってはならないと思います。

　さらに同じ市町村の中でも学校間格差が見られます。校長のリーダーシップが秀でている学校や、ICTに詳しい教職員がいる学校では整備が進んでいます。しかし、そうではない場合は、整備が進まないか、たとえ機材が導入されても稼働率が低く、ホコリをかぶったまま……ICTは役に立たないという烙印が押される傾向にあります。

1 – 2
後回しにされがちな
音楽室の ICT 環境整備

　数年前（2015年）、小学校の先生の集まりで、ICT環境に関する不満を挙げていただいたところ、次のような現状が分かりました。

　ここに集まった先生は、教員免許状講習で「音楽科教育におけるICT活用」というタイトルの講義を自主的に受講した方々です。多くの先生がそれぞれのICT環境に不満を持っていらっしゃいました。

▶ ICT 機器について

- 音楽室には、CDデッキと電子オルガン、キーボードしかない
- 音楽室にプロジェクタはなく、古いブラウン管テレビしかない
- プロジェクタが古くて満足に映像が映らないのに、音楽室だけデジタルテレビを設置してもらえなかった
- 音楽室を含む全教室にプロジェクタとスクリーンが導入されたが、職員室に置いてある教員共有のノートパソコンとLANケーブルを遠くの音楽室まで運び、接続しなければならず、実際にはなかなか活用できない
- 音楽室専用のコンピュータがあれば準備が楽になるのに、設置されていない
- 個人用のコンピュータを持ち込むことができない

79

▶ インターネット環境について

- 音楽室などの特別教室が Wi-Fi につながっていない
- 教室で視聴することができるサイトが制限されていて、動画はほとんど見ることができない

▶ (指導者用) デジタル教科書について

- 国語や算数、理科などの科目はデジタル教科書が充実しているのに、音楽ではまだ活用されていない
- 他教科ではデジタル教科書を活用しているのに、音楽となると CD のみという先生方が多い

▶ ソフトウェアについて

- 機器は導入されても、ソフトがそろっていない
- ソフトウェア活用に関する研修がほとんどない

▶ 授業研究について

- ICT を意識した授業研究はまだほとんど行われていない
- 市の研究授業で ICT を使用した音楽の授業を提案した際、故障やトラブルが怖いという理由で受け入れてもらえなかった

　音楽室には古いブラウン管テレビしかないというのも驚きですが、アンダーラインを引いた事例のように、せっかく導入したものがうまく使われていないというのも悲しい現実です。

　次に示すのは、埼玉県戸田市と近隣都市の音楽室における ICT 整備状況を比較した表です。

◆ 埼玉県内4市の音楽室における ICT 活用状況

	戸田市	A 市	B 市	C 市
音楽室への大型モニターの設置	全校設置	ほぼあり	ほぼなし	全校設置
音楽室でのコンピュータの設置	全校設置	なし	なし	ほぼなし
音楽室でのタブレット端末の活用	学年設置のものを使用可	実績なし	コンピュータ室のものを使用可	コンピュータ室のものを使用可
私物 ICT 機器の活用	原則禁止だが、管理職の許可で可能	市で禁止	原則禁止だが、管理職の許可で可能	可能 年度初 許可申請

　隣接する市でも大きな格差があることが分かりますね。A 市の学校に勤務する音楽の先生が本書に載っている事例をやりたいと思っても、現状では不可能です。B 市ではタブレット端末を大型モニターに映すことはできません。

第3章 活用の課題と展望 〜21世紀型の音楽教育〜

1-3
ICT環境の整備が
動き出した

以上のように、音楽室のICTはなかなか進まなかったのですが、「平成30（2018）年度以降の学校におけるICT環境の整備方針」で、音楽室も整備の対象とされたこと（p.8参照）は大きな転換点になると思います。

学習指導要領において、情報活用能力が「学習の基盤」となる資質・能力として位置付けられ、各教科で積極的にICTを活用するよう示されたことがきっかけになり、文部科学省もさまざまな取り組みを始めました。

主なものは次の通りです。ICT環境の整備状況も、都道府県単位から市町村単位で公表することによって、整備を進めない自治体を明らかにしようとしています。音楽科にとっても整備を進めるチャンスが到来したのです。

▶ ICT環境の整備状況を市町村単位で公表
▶ 全国ICT教育首長協議会と連携し、全国の首長にPR活動を実施
▶ 希望する教育委員会に、「ICT活用教育アドバイザー」の派遣
▶ ICT支援員の配置
▶ 費用を低減して調達できるための方策の検討

1-4
音楽の先生も
まず一歩を踏み出そう

音楽室のICT環境は、校長先生や管理職に働きかけを行わないと、いつまで経っても主要教科の後回しにされてしまいます。なかなか進まない状況にしびれを切らし、ICT機器を自費で購入し、授業で活用している先生もいらっしゃるのではないでしょうか。また、研究助成などに応募し、機器の購入予算を獲得したり、直接的に間接的に企業の協力を得ながら、涙ぐましい努力している先生方もいらっしゃることでしょう。

おそらく大多数の先生方はなかなかそこまでのエネルギーはないはずですが、与えられるのをただ待つのではなく、校長先生にICTの必要性を積極的に説明する、「どういうICT機器」が「どのような授業に効果的か」ということをアピールするところから始めてみましょう。「『主体的・対話的で深い学び』を実現するために、ICTを積極的に活用したい」と言えば、無視はできないはずです。

フリーのアプリをインストールする際にも自治体の許可が必要であるなど、学校現場には制約が多いのも事実です。しかし、これらのアプリの中には、世界標準と捉えてもよいアプリがたくさんあります。音源や映像を多用する音楽科の授業だからこそ必要なので、諦めずに訴えていきましょう。

周りの理解や協力を得られることで、学校全体のICTに対する意識が変わり、地域の校長先生たち、教育委員会などの連携が生じて、行政に陳情するといった流れをつくりやすくなると思います。

1 - 5
BYODへの
理解を求めよう

　学校の備品としてICT機器の導入を進めることも大事ですが、自身のICT機器を使ってこそ、機器本来の性能を発揮して音楽の授業を行うことができるのではないでしょうか。自身のICT機器を職場に持ち込み、業務で活用することはBYOD（Bring Your Own Device）と呼ばれています。学校によっては情報管理の観点から、個人所有のICT機器を学校で使用できないケースがありますが、学校のネットワークに接続しない、といった使用条件を明確に示して校長先生に理解を求め、自分が使いやすいICT機器が使用できる環境づくりを目指してください。

　先生自身のICT機器を授業で使用したいというときは、次のような申請書をつくりましょう。「学校の機器では制限が多く、音楽では効果的に活用できない」、「私は伴奏が苦手。自分の技能不足を補うためにICT機器を用いたい」、「授業のスピードアップを図るために、自分の使い慣れている機器で音楽を再生させたい」など、理由を明らかにするとよいでしょう。

令和○○年○月○日

○○市立○○小学校長
○○○○　様

○○市立○○小学校
職 名 教 諭
氏 名 ○○　○○　　　印

私用ＩＣＴ機器等使用許可願

私は、下記の事由により、私用ＩＣＴ機器を使用したいので許可をお願いします。

記

１．使用するＩＣＴ機器等品名

　　　　○○○社製 ○○○○○○○○○（計○台）
　　　　○○○社製 ○○○○○○○○○（計○台）

２．理 由

　　　・教科経営、授業進行、業務スケジュール管理、業務文書管理等で使用するため
　　　　（個人情報は一切記録しません。また、校内のネットワークには接続しません）
　　　・ＩＣＴ機器を活用した授業、業務改善方法について、研究を推進するため。

下記を遵守することを条件に私用ＩＣＴ機器の利用を許可します。
（１）私用のＩＣＴ機器には最新のウイルスチェックを定期的に行う。
（２）私用のＩＣＴ機器には個人情報のデータは一切記録しない。

○○市立○○小学校長
○○○○　　　印

第3章 活用の課題と展望 ～21世紀型の音楽教育～

2 プログラミング教育と音楽科

2020年度より小学校でプログラミング教育が導入されます。音楽科においても、教科の特質を生かしながら、どのようにプログラミングに関連する学習内容を含めるかが課題になっていますが、「現状でも授業時間数が足りないのに、そのうえプログラミングまでやらなければならないのか？」という先生方の不安の声も聞こえてきています。

2-1 プログラミング教育導入の理由とそのねらい

私たちの身のまわりでは家電や車にもコンピュータが組み込まれ、人が与えた一連の命令＝プログラムによって動作しています。情報技術は今後ますます人々の日常生活や仕事に入りこんでいくでしょう。このような社会を生きていく子どもたちにとって、将来どのような職業に就くとしても、世の中を動かす仕組みの一つであるコンピュータを理解し、活用する力を身に付けること、ロボットや人工知能などの新しいテクノロジーと上手に付き合うことが必要になっています。

こうした社会背景から、小・中・高等学校を通じてプログラミング教育の充実を図るため、2020年度から小学校においてもプログラミング教育が導入されることになりました。

2-2 プログラミング教育とは

> 児童がプログラミングを体験しながら、コンピュータに意図した処理を行わせるために必要な論理的思考力を身に付けるための学習活動（小学校学習指導要領・総則）

一般用語としてのプログラミング教育と、小学校学習指導要領に記載されたプログラミング教育は区別する必要があります。前者は、幼いうちからプログラミングを勉強させ、優秀なプログラマーをつくることを最終的な目標とするものですが、後者は中学校以上で行われるプログラミング教育の準備段階としての教育です。

小学校段階でプログラミングに取り組むねらいは、コンピュータに意図した処理を行うよう指示すること（プログラミング）を体験しながら、次の三つの資質・能力を育成することです。

83

- **1.** プログラミング的思考力（論理的思考力・問題解決能力等）
- **2.** プログラムの働きや有効性を理解し、身近な問題解決にコンピュータを積極的に活用しようとする態度
- **3.** 教科等で学ぶ知識および技能などをより確実に身に付けさせること

　3 は特に音楽科にとって大切で、音楽科でプログラミング的思考力を育む実践をするときは、音楽の知識および技能などをより確実に身に付けたり、学びを深めながら実施しなければならないことになります。教科の中で行われるプログラミング教育とは、プログラミング言語を覚えたり、プログラミングの技能を習得したりといったことではないのです。

学習の基盤となる
資質・能力

情報活用能力

言語能力

プログラミング教育で育成

①プログラミング的思考力の育成
　・論理的思考力
　・問題解決能力 等

②コンピュータのよさを知り
　主体的に活用する態度を育む

③教科の学びを深める

プログラミング教育支援ハンドブック 2019 を基に、作成

プログラミング的思考

　自分が意図する一連の活動を実現するために、どのような動きの組合せが必要であり、一つ一つの動きに対応した記号を、どのように組み合わせたらいいのか、記号の組み合わせをどのように改善していけば、より意図した活動に近づくのか、といったことを論理的に考えていく力（小学校段階における論理的思考力や創造性、問題解決能力等の育成とプログラミング教育に関する有識者会議「議論の取りまとめ」）

　次のページの図は、「小学校プログラミング教育の手引（第二版）」に示された「小学校段階のプログラミングに関する学習活動の分類と指導例」です。教科やクラブ活動などで実施されるプログラミング学習の時期（学年）や内容（単元）をいくつかのタイプに分け、小学校の教育課程全体の中に位置付けています。

◆ 指導例の対象範囲について

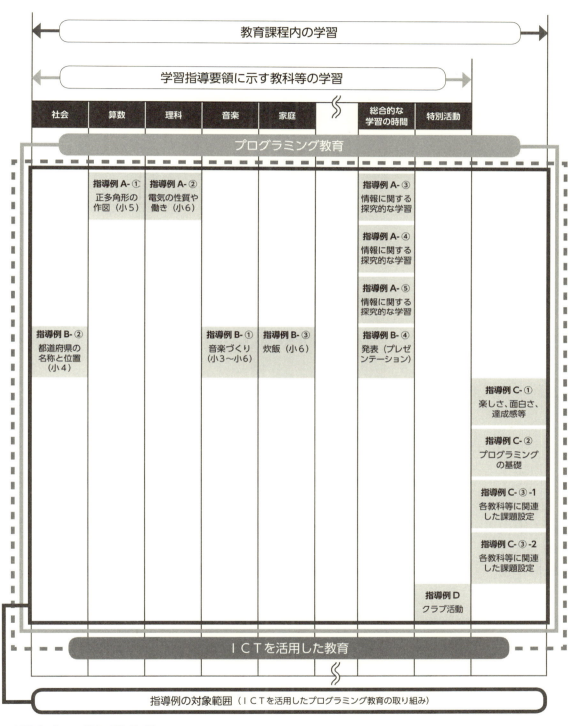

小学校プログラミング教育の手引（第二版）

- ▸ **A.** 学習指導要領に例示されている単元等で実施するもの
- ▸ **B.** 学習指導要領に例示されてはいないが、学習指導要領に示される各教科等の内容を指導する中で実施するもの
- ▸ **C.** 各学校の裁量により実施するもの（A、BおよびD以外で、教育課程内で実施するもの）
- ▸ **D.** クラブ活動など、特定の児童を対象として、教育課程内で実施するもの

　それによると、学習指導要領に示す教科等の学習のうち、「算数」（第5学年）、「理科」（第6学年）、および「総合的な学習の時間」は、A.「学習指導要領に例示されている単元等で実施するもの」であることが分かりますね。今後、教科書に掲載される部分です。

　そして「音楽」は「社会」や「家庭」とともに、B.「学習指導要領に例示されてはいないが、学習指導要領に示される各教科等の内容を指導する中で実施するもの」に分類されています。つまり、音楽科でのプログラミング教育は、学習指導要領に示される単元ではない＝必須でないものの、教科の中で全児童を対象に行ってほしいものであることが読み取れます。

　その背景には、「算数」の2時間、「理科」の2時間、そして、「総合的な学習の時間」の年間せいぜい数時間——これだけではプログラングを体感することはできても、それに必要な論理的思考力を身に付けるのは無理であるという考えがあり、音楽などでも少し時間を使って、プログラミング思考につながるような活動を取り入れてほしいと期待されているのです。

　図では省略されていますが、他にもE.「学校を会場とするが、教育課程外のもの」、F.「学校外でのプログラミングの学習機会」のタイプがあり、F.を提供する教室が町中に誕生しているのはご存じの通りです。

2 - 3
プログラミング教育における音楽科の位置付け

　有識者会議「議論の取りまとめ」（2016）では、プログラミング教育の実施を想定する教科等として、「総合的な学習の時間」「理科」「算数」「音楽」「図画工作」が挙げられていました。そのうち、最初の三つがA.必須で、「音楽」と「図画工作」はB.です。また「小学校プログラミング教育の手引（第一版）」（2018）では、B.の例として音楽のみが示されています。いずれにせよ、音楽はB.の例として注目されているわけです。

第3章 活用の課題と展望 〜21世紀型の音楽教育〜

それでは、音楽科に期待されているプログラミング教育とは具体的にどのような内容なのでしょう。

「議論の取りまとめ」の中で、音楽科に関する記述については次のように書かれています。

◆ 例えば、音楽づくりの活動において、創作用の ICT ツールを活用しながら、与えられた条件を基に、音の長さや音の高さの組合せなどを試行錯誤し、つくる過程を楽しみながら見通しを持ってまとまりのある音楽をつくることや、音長、音高、強弱、速度などの指示とプログラムの要素の共通性など、音を音楽へと構成することとプログラミング的思考の関係に気付くようにすること、また、デジタルによる演奏と生の演奏から感じる違いなどに気付くようにすることなども考えられる。

◆ 実施に当たっては、低学年における音遊びなどの経験を基盤として、プログラミングと関連付けた音楽活動が、音楽の学びの本質に照らして適切に位置付けられるようにするとともに、子供一人一人に創造的な学びが実現し、つくる学習とそれを実際に音や声で表す学習が一層充実するものとなるように十分配慮することが必要である。

その後、学校音楽教育の関係者が音楽科でのプログラミング教育について説明するときも、この記述を引用している場合がほとんどです。

2 - 4
音楽とプログラミングとの親和性

なぜ音楽科が B. の例として注目されたのでしょうか。おそらく、音楽の形式や理論に、順次処理、条件分岐、繰り返しといったプログラムの構造を支える要素と共通する性質があるため、特にコンピュータを使用した音楽制作がプログラミング的思考の育成に有効であるとされたからだと思います。

しかし、かつて音楽科で盛んだったコンピュータを使用した音楽制作はすでに 2000 年頃には下火になり（p.30 参照）、今では音楽科の中でコンピュータを使用した音楽制作はほとんど行われていません。一方、子どもたちが日常的に聴く音楽のほとんどがデジタルな音源や操作によって制作されています。デジタルな音楽制作とプログラミングとの間に親和性があるのは確かですが、具体的に音楽の授業に落とし込むには多くの課題があります。

87

2-5 音楽科での取り組み例

このような状況の中で、音楽科でも先駆的な実践が行われています。

未来の学びコンソーシアムによる「小学校を中心としたプログラム教育ポータル」には、プログラミングアプリ「Scratch」を活用した「くりかえしをつかってリズムをつくろう」(第2学年、大阪府大阪市立茨田東小学校教諭　国則佳代)、本書(p.46)で紹介しているループリズム作成アプリ「LOOPIMAL」を使った「動物が楽しく踊るリズムループをつくろう」(第3学年)の二事例が音楽科の例として掲載されています(2019年10月現在)。

これらの実践は、「音楽科の学びを深める」ことと、「プログラミング的思考を育む」ことが重なった部分(★)の試みで、B.の理想形です。

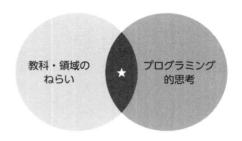

しかし、音楽の授業でこの部分の実践を行うためには、音楽科のねらいとプログラミング的思考の両方をよく理解していなければならず、一人の教師が準備から実践まで行うのはとても大変です。また、ここで示された二事例はリズムに関するものであり、さらに有識者会議の「議論の取りまとめ」で提案された内容(p.87)に取り組んでいこうとするならば、音楽の先生方や大学教員、ICT支援員、音楽制作関係者(ミュージシャン)、企業の方などで構成されるチームをつくって開発する必要があると思います。

2-6 音楽科におけるプログラミング教育を進めるために

一足飛びに「重なった部分(★)」の試みを目指すのが難しい場合、音楽の授業の中に少しずつプログラミング的思考を組み込んでいくのがよいでしょう。

そのためには、他教科での実践例をリサーチしたり、教育課程外の実践などに参加して、まずプログラミング的思考とはどういうものかを実感することから始めるのがよいと思います。アナログ思考の先生は、打ち込み系のミュージシャンと接してみてください。彼らは、無意識のうちにプログラミング的思考を習得した人たちです。

一般的な論理的思考力とプログラミングに必要な論理的思考力との違いですが、論理的思考力の一部にプログラミングに必要な論理的思考力が含まれると考えるのが分かりやすいでしょう。

　つまり、音楽を表現したり、つくる活動の際に働かせてきた論理的思考力の全てが、プログラミング的思考に直接つながるわけではありません。また、音楽制作アプリなどを使った実践であっても、順次処理、条件分岐、繰り返しなどへの意識付けが乏しい実践は、たとえコンピュータを使用していたとしても、それほどプログラミング的思考の育成にはつながらないのです。

◆ プログラミング教育導入の前に知っておきたい思考のアイディア

論理的思考力

プログラミング
に必要な
論理的思考力

プログラミング教育導入の前に知っておきたい思考のアイディア（教育技術 MOOK）

　論理を可視化するために、楽譜以外の視覚化された音楽情報や、フローチャートのようなものの重要性も増すでしょう。考えた手順や流れを自分たちでたどる——そのプロセスで音楽の内容理解につながることも少なくないはずです。そのような事例を実際に少しずつ見つけ出してください。

　プログラミングという得体の知れないものが入ってくる……音楽の先生の多くが不安に感じていると思いますが、プログラミング力およびプログラミング的思考力を身に付けた児童が音楽の授業で力を発揮することがあるかもしれません。プラス思考で行きましょう！

参考資料
『小学校段階における論理的思考力や創造性、問題解決能力等の育成とプログラミング教育に関する有識者会議「議論の取りまとめ」』文部科学省（2016 年 6 月）
「小学校プログラミング教育の手引（第一版）」文部科学省（2018 年 3 月）
「小学校プログラミング教育の手引（第二版）」文部科学省（2018 年 11 月）
「プログラミング教育導入の前に知っておきたい思考のアイディア（教育技術 MOOK）」
黒上晴夫・堀田龍也　小学館（2017 年 7 月）
「プログラミング教育支援ハンドブック 2019」中川一史監修　一般社団法人 ICT CONNECT 21（2019 年 4 月）

3 これからの音楽科教育と ICT 活用

3 - 1
ICT の特性や強みを生かす時代へ

2017年告示の学習指導要領・総則において、「情報活用能力」が「学習の基盤」となる資質・能力と位置付けられ、各学校で「コンピュータや情報通信ネットワークなどの情報手段を活用するために必要な環境を整え、これらを適切に活用した学習活動の充実を図る」ことが明記されました。ICT 環境の必要性が規定されたことは、これまでになかったことです。

また、音楽科の内容の取り扱いと指導上の配慮事項にも「児童がさまざまな感覚を働かせて音楽への理解を深めたり、主体的に学習に取り組んだりすることができるようにするため、コンピュータや教育機器を効果的に活用できるよう指導を工夫すること」と示されました。

今こそ「主体的・対話的で深い学び」の実現に向けて、ICT の特性や強みを生かすべきときです。音楽科の授業においても同様に、子どもたちが見通しを持って学習活動に取り組み、自らの活動を振り返って次につなげるためにも、また他者との協働を通して、自らの考えを広げ深めるためにも、ICT を活用しなければならないのです。学校教育全体が ICT 化に向けて進んでいるのですから、音楽科が教科の一つである以上、その流れを無視し続けることはできません。

3 - 2
他教科の動き

読み書きの技能を育ててきた国語科では、これまで教科書やノートなどの紙媒体を使って授業が行われていましたが、近年、デジタル教科書やデジタル教材がつくられ、大きく変貌しています。

光村図書出版の 2020 年度版小学校国語学習者用デジタル教科書（教科書外の教材を含む）では、まずは自分で考え、次に友達と関わり合う中で、思考を深め、広げていくというプロセスにおいて、学習者用デジタル教科書が「思考の作業台」と位置付けられています。また、俳優等によるナレーション、新出漢字の筆順アニメーション、繰り返し学べるワークなどが搭載されています。

情報化社会である現代において、膨大な情報の中から取捨選択して必要な情報を得ることや、情報同士の関係を捉え、自分の発信したいことを表現する力が求められていることを背景に、「情報の扱い方」に関する知識及び技能は、国語科において重要な資質・能力

の一つであり、指導の改善・充実が図られています。学習指導要領を見ても、「情報を収集する」「情報を見付ける」「情報と情報との関係を理解する」……など、「情報」という言葉のオンパレードです。

算数科においても、これまでの「A 数と計算」「B 量と測定」「C 図形」および「D 数量関係」が、「A 数と計算」「B 図形」「C 測定」（下学年）、「C 変化と関係」（上学年）、および「D データの活用」となり、「データ」という言葉が出てきました。

特別教科に目を向けましょう。よくスポーツの試合などで、監督がタブレット端末などで分析し、選手に指示していますね。その流れが学校現場へも移行し、心拍数を図りながら自分に合った体育運動を行うなど、体育科ではスポーツ科学が応用されています。

美術科は音楽科と並んで、ICT 化が遅れた教科と言われていましたが、STEM 教育（Science、Technology、Engineering and Mathematics）に A（Art）を加えた STEAM 教育を目指しています。科学・技術・工学・数学などの理系教育にも積極的に参画し、例えば、車を動かすだけではなく、よいデザインの車を動かすといったような、美術と科学技術との接続を図ろうとしています。昨今、デジタル教材の開発にも積極的です。

このように全ての教科が様変わりしています。音楽専科の先生方はどうしても音楽のことだけに関心が向きがちですが、子どもたちは全教科を学んでいるのですから、他教科の動きにもぜひ注目してください。

3-3 ICT 活用のメリット

本書では、音楽科における ICT 活用のメリットについて、教師、児童生徒それぞれに分けて述べてきました。あらためて整理してみます。

教師側の主なメリット

▶ **1. 教務の効率化**：ソフトやアプリによる授業計画や実施記録、評価記録の作成を電子化することによって、再利用や書き込み、再編集が容易になり、教務に要する時間を短縮する

▶ **2. 授業準備の効率化**：配布プリントや授業関連画像などの作成を電子化することによって、再利用や書き込み、再編集が容易になり、授業準備に要する時間を短縮する

▶ **3. 授業進行の迅速化と音楽室のシンプル化**：コンピュータやタブレット端末で授業関連画像、音源、動画を一元管理することによって、ディスクの入れ換え時間を短縮し、教材提示や伴奏再生などが瞬時に可能となると同時に、音楽室内が整理整頓される

4. 分かりやすい授業の実現：大型モニターに授業関連画像や動画を提示すること、書画カメラで教師による範奏の手元を映すこと、音楽編集アプリで楽曲のテンポや調を瞬時に変化させることなどによって、生徒の理解度や技能に合った授業ができる

5. 現代的な演出：音楽の授業や音楽集会、音楽会などにおいて、演奏に関連する画像や動画などを映し、雰囲気を盛り上げることができる

児童生徒側の主なメリット

1. 演奏に対する自己評価：タブレット端末の録画・録音機能を使用し、自身やクラス、グループの演奏を振り返る

2. 対話的な学びの実現：タブレット端末を使用することによって、これまで一斉授業で画一的に行われてきた鑑賞の授業において、グループ活動による対話的な学びが可能となったり、友達と協働で行う音楽づくりにおいて、音楽を形づくっている諸要素を深く学ぶことができる

3. 音楽体験の増加：タブレット端末の楽器アプリや動画共有サイトなどを活用することによって、学習の機会が増える

4. 家庭学習の確保：QR コードの活用や、子どもがタブレット端末を自宅に持ち帰ることによって、家庭学習（反転学習）が促進される

3 - 4
教師の授業技術としてICT 活用を位置付ける

教師側のメリットとして挙げたものの多くは、効率性と分かりやすさです。音楽の授業時数が削減される中、ICT を活用することによって、子どもたちに寄り添う時間を少しでも増やすこと、子どもたちが分かる授業を目指すことは絶対に必要です。

しかし、まだその活用方法が先生方の間で共有されていません。例えば、書画カメラに何をどのように映すか——そのこと一つをとっても、そのタイミングはもとより、発問、指示や説明といった従来からの授業技術と融合させなければ、高い教育効果を得られません。多くの先生方の教育方法やアイデアが共有されることが望まれます。ICT をいつ、どこで、どのように活用するのかを検討すること自体が、教師の授業力向上につながると思います。

新しい機器は自ずと新しい教育内容や方法を生むはずですが、まずは気負わず、ICT を活用することで今やっていることを能率的に、さらに分かりやすく指導しようとしてみてください。

> 第3章 活用の課題と展望 ～21世紀型の音楽教育～

3-5 タブレット端末の教具としての可能性

教師が分かりやすく教える授業は、児童生徒にとってもよく分かる授業ですので、教師側のメリットはほぼ児童生徒側のメリットです。ただ、「主体的・対話的で深い学び」の実現には、タブレット端末が児童生徒に与えられていることが前提となります。ICT機器がなくても「主体的・対話的な深い学び」は可能ですが、タブレット端末はそのための教具として期待されています。

学習者用デジタル教科書もタブレット端末を使うことを前提としています。デジタル教材の活性化の鍵となるのもタブレット端末です。また、音楽科独自のタブレット端末の「楽器としての可能性」にも注目したいです。

音楽科においては、「主体的・対話的で深い学び」を実現するための教材やシステムの開発、タブレット端末の活用事例の蓄積などが他教科と比べて遅れていますので、教科である以上、それらに力を入れなければなりません。タブレット端末を活用した実践研究は、他教科で盛んに行われています。ぜひそうした研究会などにも足を運んでみてください。少し遠くから客観的に音楽科を眺めてみることによって、新しいアイデアが浮かぶのではないかと思います。

3-6 先生方に期待すること

音楽科では、ICTを活用している先生の存在はまだ「点」にしか過ぎません。近年、それぞれの「点」が少しつながり、「線」に、さらには「ネット」状に広がりを見せてきました。しかし、「面」にはほど遠いのが現状です。

音楽科が築いてきた教育内容や指導技術とICTが合わさったところに、次の時代の音楽科教育があると感じていますので、音楽の指導技術に長けた先生方にぜひ一歩を踏み出していただきたいです。一方、音楽専科でない担任の先生には、「ICTによってこういうところを補うと、楽に音楽の授業ができる」といった、専門性の不足をカバーできるアイデアを見つけてほしいと思います。それが、音楽科教育のボトムアップにもつながるからです。

世の中がICTに満ちあふれているからこそ、音楽科では生身の人同士の触れ合う場にしなければならないという意見をよく耳にします。しかし、それならば、教科ではなく、学校内の音楽活動でよいと言われてしまうのではないでしょうか。他の教科ではできないこと——歌声を合わせたり、友達と音楽をつくったりすることはもちろん重要ですが、教科として存続するためには、全教科共通の課題、ICTの主体的な活用が必要です。音楽の先生がICT機器の取り扱いが不得意であるからといってICTを避けることはできないのです。

93

おわりに

　ICT活用の研修会でお話しをさせていただいた後に感想を尋ねると、「ICT機器にこんな使い方ができるなんて知らなかった」「もっと難しいことを子どもたちにさせるものだと思っていた」といった言葉をよく耳にします。音楽の授業におけるICT機器の活用については、まだ多くの先生が活用の方法を知らない、あるいは活用の仕方に誤解をもっているように思うのですが、この本をお読みいただいたことで、「こんな事から始めればいいのか！」と自分にもできることを見つけてホッとしている先生も多いことかと思います。

　音楽の授業において、歌を歌う、楽器を演奏する、音楽を聴くといった子どもたちの行為そのものは、教科の目標を達成するための大事な学習活動としてこれからも変わってはならないものです。しかし、歌を記録する方法、選ぶ楽器の種類、音楽を聴くための機器といった、音楽を学ぶための「手段」は、時代とともによりよいものに変化を遂げていかなければならないはずです。この本を手にされた方はおそらく、昭和の時代からなかなか変わらない音楽科の授業スタイルに疑問を抱き、未来に意識を向けて、ご自分の授業改善の一歩を踏み出そうとしているのだと思います。

　そんな皆さんが、音楽を学ぶ一手段としてこれからICTの活用を模索していこうとするとき、大切なことは、活用できる機器で何ができるのかをよく知ること、できることをどう教育活動に生かすのか柔軟な発想を持つこと、そして何より、失敗や故障を恐れずにとにかく使ってみることであると思います。この本には、その手掛かりをふんだんに散りばめたつもりです。私が勤務する小学校における実践の記述がほとんどですが、中学校や高等学校、あるいは特別支援学校でも十分応用できるでしょう。また、科学技術は日々進化しますので、この本に記されている機器やアプリは10年後にはもう存在すらしないかもしれません。しかし、音楽の授業でも積極的にICTを活用していくという方向性は、これからの日本の大きな教育改革の流れの中で変わることはないはずです。この本を手にされた先生お一人お一人の努力によって創られたICT活用の実践が、時代の流れに即したものとして認められ、人の「心」を育む大切な教科として音楽が存続するための「支え」となっていくことを願ってやみません。

令和元年九月

小梨　貴弘

▶ **音楽授業情報サイト「明日の音楽室」**

本書でご紹介している内容の中には、小梨の自作ホームページ「明日の音楽室」で詳しく紹介していたり、関連する教材（PowerPointスライド、ワークシート等）がダウンロードできたりするものがあります。ぜひ一度、ホームページを訪ねてみてください。

「明日の音楽室」HPアドレス

https://www.ashitano-ongakushitsu.com

[著者略歴]

深見友紀子（ふかみ・ゆきこ）

東京医科歯科大学歯学部中途退学、東京藝術大学音楽学部楽理科卒、同大学院（音楽教育専攻）修了。富山大学教育学部助教授、京都女子大学発達教育学部児童学科、同大学院教授を経て、現在は大東文化大学文学部教育学科教授（2018年度～）。大学教員の傍ら、電子楽器やICT機器を積極的に活用する音楽教室「深見友紀子ミュージック・ラボ」（東京・早稲田）の代表をつとめている。『電子楽器の教育的可能性～メディア論からのアプローチ』（トーオン）、『デジタル鍵盤楽器で遊ぼう―基本の知識と活用例―』（明治図書）、『この一冊でわかるピアノ実技と楽典―保育士、幼稚園・小学校教諭を目指す人のために―』（音楽之友社）、『～保育園・こども園・幼稚園採用試験へ向けて～ みんなが知りたい！「音楽実技」対策』（ヤマハミュージックメディア）、「音楽教室における子どものインフォーマルラーニング」「小学校音楽科リコーダー学習における一人1台端末を活用した家庭学習が技能に及ぼす効果」（日本教育工学会、2013、2017）他、著書や論文多数。
科学研究費補助金基盤研究(C)（教育工学研究種目）「『21世紀型小学校音楽室』のためのデジタル教材の開発と教育効果の実証」（2017～）をはじめ、これまで7件の科学研究費補助金研究で研究代表となっている。日本教育工学会、日本音楽教育学会、日本ポピュラー音楽学会等会員。

小梨貴弘（こなし・たかひろ）

武蔵野音楽大学音楽学部器楽科（ホルン専攻）を経て、文教大学教育学部中等教育課程音楽専攻卒業。現在、埼玉県戸田市立戸田東小学校教諭。着任以来、小学校7校で学級担任、音楽専科教員として勤務。日々の授業や吹奏楽部の指導をこなす傍ら、ICT機器の活用やアクティブ・ラーニング、授業のユニバーサル・デザイン化といった、先端の教育技術の研究・開発を進める。平成27～29年度に、文部科学省国立教育政策研究所実践研究協力校授業者として年数回、教科調査官の訪問を受け授業を提供。文部科学省編『初等教育資料』平成29年1月号に実践論文を掲載。また、「小学校音楽科におけるタブレット端末を活用した指導法の開発」が平成29年度科学研究費補助金奨励研究となる。著書『こなっしーの低学年だからできる！ 楽しい音楽！』（音楽之友社）をはじめ、雑誌などでの実践記事掲載多数。
平成28年度戸田市優秀教員表彰、平成29年度埼玉県優秀教員表彰、平成30年度文部科学大臣優秀教職員表彰。
音楽教育勉強会「音楽教育駆け込み寺」サブアドバイザー、日本音楽教育学会会員、日本電子キーボード学会会員。

[音楽指導ブック]
音楽科教育とICT

2019年11月30日　第1刷発行
2022年 4月30日　第3刷発行

著　者　　深見友紀子・小梨貴弘
発 行 者　　堀内久美雄
発 行 所　　東京都新宿区神楽坂6-30
　　　　　　郵便番号 162-8716
　　　　　　株式会社　音楽之友社
　　　　　　電話 03(3235)2111（代）
　　　　　　振替 00170-4-196250
　　　　　　https://www.ongakunotomo.co.jp/
校　閲　　永岡 都（昭和女子大学人間社会学部、同大学院教授）
装　幀　　廣田清子（office SunRa）
本文デザイン　星野俊明
表紙・本文イラスト　星野俊明
印　刷　　星野精版印刷（株）
製　本　　　（株）プロケード

©2019 by Yukiko Fukami,Takahiro Konashi
本書の全部または一部のコピー、スキャン、デジタル化等の無断複製は著作権法上での例外を除き禁じられています。また、購入者以外の代行業者等、第三者による本書のスキャンやデジタル化は、たとえ個人や家庭内での利用であっても著作権法上認められておりません。
ISBN978-4-276-32172-4　C1073
Printed in Japan　　　　　　　　　　　　　　　落丁本・乱丁本はお取替えいたします。

教育音楽
ハンドブック

生徒と先生のドラマを築く!
大妻中野流合唱指導メソッド
（DVD付き）
宮澤雅子 著
定価(本体2,400円＋税)
ISBN978-4-276-32100-7

キーワードで分かる!
音楽科学習指導要領
伊野義博 著
定価(本体1,600円＋税)
ISBN978-4-276-32110-6

音楽指導ブック

中島先生の
鑑賞授業の教材研究メモ
中島 寿 著
定価(本体2,000円＋税)
ISBN978-4-276-32174-8

唱歌で学ぶ日本音楽（DVD付き）
日本音楽の教育と研究をつなぐ会 編著
徳丸吉彦 監修
定価(本体3,300円＋税)
ISBN978-4-276-32170-0

音楽科教育とICT
深見友紀子、小梨貴弘 著
定価(本体2,000円＋税)
ISBN978-4-276-32172-4

やんぱ先生の　楽しい音楽!
岩本達明 著
定価(本体2,100円＋税)
ISBN978-4-276-32175-5

こなっしーの　か低学年だからできる！楽しい音楽！
小梨貴弘 著
定価(本体2,000円＋税)　ISBN978-4-276-32171-7

フレーズで覚える三味線入門
小塩さとみ 著
定価(本体2,400円＋税)　ISBN978-4-276-32173-1

よくわかる日本音楽基礎講座〜雅楽から民謡まで 増補・改訂版
福井昭史 著
定価(本体2,400円＋税)　ISBN978-4-276-32168-7

みんなが音楽を好きになる！やすしげ先生の楽しい合唱メソード（DVD付き）
田中安茂 著
定価(本体3,000円＋税)　ISBN978-4-276-32169-4

日本伝統音楽カリキュラムと授業実践　生成の原理による音楽の授業
日本学校音楽教育実践学会 編
定価(本体2,800円＋税)　ISBN978-4-276-32165-6

授業のための合唱指導虎の巻
眞鍋淳一 著
定価(本体2,000円＋税)　ISBN978-4-276-32166-3

こども・からだ・おんがく　髙倉先生の授業研究ノート（DVD付き）
髙倉弘光 著
定価(本体3,200円＋税)　ISBN978-4-276-32167-0

聴き合う耳と響き合う声を育てる合唱指導　ポリフォニーで鍛える！（DVD付き）
寺尾 正 著
定価(本体3,000円＋税)　ISBN978-4-276-32164-9

歌う力を育てる！歌唱の授業づくりアイデア
丸山久代 著
定価(本体2,000円＋税)　ISBN978-4-276-32163-2

Q&Aと授業リポートで探る　音楽づくりの言葉がけ　表現意欲と思考を導くために
平野次郎 著
定価(本体2,000円＋税)　ISBN978-4-276-32162-5

クラシック名曲のワケ　音楽授業に生かすアナリーゼ
野本由紀夫 著
定価(本体2,300円＋税)　ISBN978-4-276-32159-5

子どもが輝く歌の授業
眞鍋なな子 著
定価(本体2,000円＋税)　ISBN978-4-276-32158-8

お悩みポイッと撃退！　かおるせんせの合唱塾
坂本かおる 著
定価(本体2,000円＋税)　ISBN978-4-276-32156-4

白ひげ先生の　心に響く　歌唱指導の言葉がけ
蓮沼勇一 著
定価(本体2,200円＋税)　ISBN978-4-276-32157-1

授業のための　日本の音楽・世界の音楽　日本の音楽編
島崎篤子、加藤富美子 著
定価(本体2,400円＋税)　ISBN978-4-276-32154-0

授業のための　日本の音楽・世界の音楽　世界の音楽編
島崎篤子、加藤富美子 著
定価(本体3,000円＋税)　ISBN978-4-276-32155-7

音楽科必携！　歌唱共通教材　指導のヒント
富澤 裕 著
定価(本体2,000円＋税)　ISBN978-4-276-32153-3

ゼロからのチャレンジ　はじめての合唱指導　わかりやすい理論とアイディア
椿野伸仁 著
定価(本体2,200円＋税)　ISBN978-4-276-32152-6

リコーダー大好き！　授業を助ける指導のポイント（CD付き）
千田鉄男 著
定価(本体3,200円＋税)　ISBN978-4-276-32150-2

歌唱・合唱指導のヒント　こんなとき どうする？
富澤 裕 著
定価(本体2,200円＋税)　ISBN978-4-276-32143-4

〒162-8716 東京都新宿区神楽坂6-30　音楽之友社　TEL. 03(3235) 2151　FAX. 03(3235) 2148(営業)　https://www.ongakunotomo.co.jp/